Darf's auch etwas leichter sein?

Persönliche Freiräume im Bermudadreieck
von Führung, Partnerschaft und Nestbau

Robert Jautschus

Vitales Leben und Arbeiten
Bonn, Deutschland
www.jautschus.de

Alvin-Verlag
Ettlingen 2023
alvin-verlag.de

978-3-98730-015-8 (eBook)
978-3-98730-016-5 (Taschenbuch)
978-3-98730-017-2 (Hardcover)

Alle Rechte vorbehalten
Nachdruck, auch auszugsweise, verboten
Kein Teil dieses Werks darf ohne schriftliche Erlaubnis
der Herausgeberin in irgendeiner Form reproduziert,
vervielfältigt oder verbreitet werden.

Covergestaltung: Patricia Jaeger
Buchsatz: Silke Jacobi und Robert Jautschus
Lektorat: Dr. Cordelia Eule
Illustrationen: Robert Jautschus

Keywords: Doppelverdiener, Work-Family-Balance, Eltern, Kinder, Burnout-Prophylaxe, Führung, agiles Leben, Salutogenese, Antreiber, Gleichberechtigung, Diversity, Metagender Führungsstil, Gefühle, Bedürfnisse, Stress, Resilienz, wertschätzende Kommunikation, Feedback, Anerkennung, Collaborationstools, Gelassenheit, New Work, New Leadership

ROBERT JAUTSCHUS

Darf's auch etwas *leichter* sein?

Persönliche Freiräume im Bermudadreieck von Führung, Partnerschaft und Nestbau

Inhaltsverzeichnis

Einleitung — 11

Blick auf dein aktuelles Leben — 13
Im Job — 14
In der Familie — 16
In der Welt — 18
Wie du dein Leben bewusst entwickelst — 21
Selbstfürsorge – ausgeglichen und erholt — 23
Kommunikation – offen und verbunden — 26
Führung – beweglich und mutig — 28

1 | Mein eigener Weg — 33

2 | Dein privater Bereich: Lebe bewusst — 43

2.1 Gesunde Basis: Hier startest du — 47

2.1.1 Körperliche Regeneration — 50
Bewegung & Stoffwechsel — 51
Ernährung für Hirn & Herz — 58
Erholung — 61

2.1.2 Emotionale Entlastung — 65
Funktion von Gefühlen — 66
Freude & Spiel — 69
Soziales Netz — 70

2.1.3 Gedankliche Distanzierung — 74
Meditation — 75
Singletasking — 77
Gelassenheit — 79

2.2 Blick in den Spiegel: Lerne dich selbst kennen — 81

2.2.1 Individuelle Prägungsbrille — 85
Glaubenssätze — 86
Antreiberarbeit und Test — 88
Entwicklungsarbeit — 98

2.2.2 Stress verstehen — 101
Stressmodell — 102
Folgen von Dauerstress — 106
Stopp-Tool und Resilienz — 110

2.2.3 Wertschätzende Selbstkommunikation — 115
Verbundenheit — 115
Gewaltfreie Kommunikation (GfK) — 118
Selbstempathie: Lerne dich selbst kennen und achten — 126

2.3 Work-Family-/Paar-Balance: Bewusst gestalten — 129

2.3.1 Paarzeit — 132
Test zu Work-Family-Balance — 140

2.3.2 Beziehung — 145

2.3.3 Mental Load — 150

3 | Arbeitsbereich: Werde zur bestmöglichen Führungskraft 157

3.1 Führung in hybriden Welten: Die neue Realität 159

3.1.1 Salutogenese und New Work 161
Was hält dein Team gesund und zufrieden? 164
Test zu gesundheitsförderlichem Führungsstil 168
Agile Führung 172

3.1.2 Meta-Gender-Führungsstil 176
Weibliche und männliche Führungsqualitäten 178
Was die Erde braucht 181

3.1.3 Veränderungen begleiten 183
VUCA 185
Führung in Veränderungen 189

3.1.4 Wertschätzende Kommunikation im Team 194
Gewaltfreie Kommunikation – Aufbau 195
Feedback-Kultur 196
Balancegespräch 200

3.2 Diversity: Gleichberechtigung konsequent stärken 203
Anerkennung 205
Chancengleichheit 206
Bezahlung 208

3.3 Collaborations-Tools: Im Kontakt bleiben 208

3.3.1 Konferenz-Tools ausnutzen 211
Zoom und Teams 211

Interaktion	212
Ordnung und Dokumentation	213

3.3.2 Routinen für Remote-Führung — 214
Regelmäßigkeit — 214
Methoden zur Beteiligung — 215

3.3.3 Online-Tools — 217
Mentimeter — 217
Taskcards — 218

3.4 Abrundung — 219

Nachwort — 221

Über den Autor — 224

Literaturverzeichnis — 227

Anhang — 231
Weitere Bücher bei Alvin — 232

Einleitung

„Der Versuch, alle glücklich zu machen, ist ein Irrweg. Eher gelingt die Quadratur des Kreises, als die Bedürfnisse aller Mitarbeitenden, Partner:in, Kinder oder Kund:innen zu erfüllen."

Roberts Kernstatement Nr. 1

Darf's auch etwas leichter sein?

Einleitung

Du merkst es kaum, wenn du langsam, aber sicher zu einem funktionierenden Zombie wirst. Du arbeitest deine To-do-Listen ab, kümmerst dich um Job, Haushalt und Kind(er), kommentierst in deinem Netz, spendest Likes und fühlst dabei den Mangel in dir wachsen. Dieser Mangel gleicht einem größer werdenden schwarzen Loch, einer Sehnsucht nach Ruhe und Erholung, nach Zeit für deine Bedürfnisse. Einfach wieder Freude am Leben genießen. Willkommen im Segment der Superheld:innen zwischen 30 und 45.

Gedanken und Gefühle werden in dieser Lebensphase meist geheim gehalten. Uns ist schließlich beigebracht worden zu funktionieren, erfolgreich und schön zu sein. Die einfachste Strategie, damit fertig zu werden, lautet aushalten und verdrängen. Du kennst die Verschiebestrategie bestimmt auch ganz gut: „Wenn die Zähne (bei Säuglingen) durch sind, dann ...", „Wenn die Kinder erst mal in Kindergarten und Schule sind, dann ..." oder „Wenn wir einen Teil des Kredites getilgt haben, dann ...". Millionen von Menschen verschieben ihr Leben auf diese Weise immer wieder auf später.

Auch mir ist mit 35 Jahren keine Alternative eingefallen, außer zu arbeiten, durchzuhalten und Bedürfnisse zurückzuschrauben. Als Vater von damals noch drei Kindern habe ich es fertiggebracht, während eines Kindergeburtstages schnell mal eben ein Angebot zu schreiben und zu versenden. Ich war häufig nur

Darf's auch etwas leichter sein?

körperlich anwesend und in Gedanken mit dem Abarbeiten meiner wichtigsten Aufgaben beschäftigt. Als Sportler und Trainer für Gesundheit in Unternehmen konnte ich meinen Bewegungsausgleich gerade noch so in meinen Alltag integrieren und bin gesund geblieben, aber nur körperlich.

Emotional und gedanklich war ich dagegen eher überlastet. Es fühlte sich an, wie ein Zehnkampf. Eine Disziplin fertig, die nächste wartet schon. Und das geht über zwei ganze Tage. Nur dass nach zwei Tagen nicht Schluss ist wie bei einem echten Wettkampf, sondern dieser Marathon ein paar Jahre andauert. Das hält kein Mensch aus. Was ich als sportmedizinischer Konditionstrainer damals schon wusste und trotzdem nicht berücksichtigte. Sorry, aber das hatte nichts mit einem bewussten und freudvoll gestalteten Leben zu tun.

Dieses Buch ist ein Selbstlernwerk zur Präparation für gleichberechtigte Paare mit Kind(ern) und beruflichen Ambitionen. Nimm dir einzelne Teile vor und lass sie wirken. Du wirst dieses Buch nicht wie einen Roman in einem Rutsch durchlesen. Je früher du beginnst, dich dir selbst zu stellen, desto besser – weil freudvoller und entspannter – kannst du das Geschenk deines Lebens genießen. Dein aktueller Vorsprung ist es, dass du Fragen stellst, nach alternativen Möglichkeiten Ausschau hältst und dir deutlich früher (als in meiner Generation) eine sinnhafte Betätigung wünschst.

Auf geht's, langsam und stetig, und du wirst sehen. Dabei steigen Freude und Lebenslust.

Blick auf dein aktuelles Leben

Wenn dein/e beste/r Freund:in dich fragt, wie es dir geht, was antwortest du aktuell höchstwahrscheinlich?

- ✳ Mir wachsen die Dinge über den Kopf.
- ✳ Ich fühle mich zunehmend müde und gereizt.
- ✳ Meine Unzufriedenheit nimmt zu.
- ✳ So hatte ich mir mein Leben nicht vorgestellt.

Diese Wahrnehmungen stammen von Führungskräften, die im Bermuda-Dreieck der Superheld:innen unterwegs sind. Das Bermuda-Dreieck der Superheld:innen ist gekennzeichnet durch drei Lebensereignisse, die meist zeitgleich auftreten, und uns deshalb so viel abverlangen: Karriere, Kind und Hausbau (bzw. Wohnraumvergrößerung). Diese Führungskräfte waren entweder in meinen Workshops oder in meinem Coaching, um den gesunden Umgang mit sich und ihren Mitarbeitenden zu lernen. Aufgrund der häufigen Schilderungen dieser Frauen und Männer ist mein Online-Angebot „Führungswerkstatt für Teamleiter:innen" und nun auch dieses Buch entstanden. Wenn du den obigen Beschreibungen größtenteils zustimmen kannst, wird dich dieses Buch bei deinen aktuellen Herausforderungen anregen, ermutigen und unterstützen können.

Zu Beginn der einzelnen Themen stelle ich jeweils die wesentlichen Punkte voran, um dir einen Überblick zu liefern. In den Text werde ich Beispiele aus meiner Praxis einfließen lassen. Zum Abschluss findest du eine Zusammenfassung der zentralen Punkte, Arbeitsblätter mit QR-Code und Links zu weiteren Websites zur Vertiefung. Miniposter, Arbeitsblätter und Tests kannst du dir ebenfalls mit Hilfe eines QR-Codes in meinem

Darf's auch etwas leichter sein?

Gratis-Kurs zum Buch als PDFs herunterladen und zur Nachbearbeitung nutzen.

Deine Arbeit mit diesem Buch. Neben dem inhaltlichen Einstieg beschreibe ich hier auch die Struktur, mit der du dich aus meiner Sicht am wirkungsvollsten selbst unterstützen kannst und welche Ziele ich als Coach mit diesem Buch verfolge. Im anschließenden ersten Kapitel erzähle ich dir von meinem Lernweg und wie dieses Selbst-Coaching entstanden ist. Ab dem zweiten Kapitel wird es für dich konkret und du kannst anfangen, dich selbst zu hinterfragen. Arbeitsblätter, Tests und Literaturhinweise ermöglichen es dir, dich selbst besser kennenzulernen und für dich passende Strategien zu verfolgen.

Der QR-Code führt dich direkt zu allen Mini-Postern, Arbeitsblättern und Tests.

Im Job

Ich möchte dich mit deinen unterschiedlichen Eigenschaften, Prägungen, Stärken und Schwächen ansprechen. Aus diesem Grund habe ich zwei Prototypen vorangestellt, auf die ich im weiteren Verlauf Bezug nehmen werde. Ich habe sie Katrin und Lukas genannt. Da mir Gleichberechtigung wichtig ist, hoffe ich, dass das bei dir sowohl als Frau als auch als Mann Anklang findet.

Katrin (35 Jahre, Betriebswirtin mit Schwerpunkt Personal, Teamleiterin, 1 Kind, kurz nach dem Wiedereinstieg in den Job)

- ✳ Sie bearbeitet ihre Aufgaben sehr gewissenhaft und versucht, Fehler zu vermeiden.
- ✳ Damit die Teamleistung realisiert werden kann, kompensiert sie immer wieder fehlende oder unzureichende Leistungen ihres Teams.
- ✳ Erfolge stellt sie nicht extra heraus, sondern betrachtet sie als selbstverständlich.
- ✳ Sich abzugrenzen fällt ihr schwer
- ✳ Konflikte beschäftigen sie oft tage- und nächtelang.

Lukas (32 Jahre, Maschinenbauingenieur, Teamleiter, 2 Kinder)

- ✳ Ihn nervt die fehlende Eigenverantwortung seiner Mitarbeitenden.
- ✳ Lukas ist fachlich gut in seinem Beruf. Durch dieses Know-how entscheidet er Diskussion eher aus seinem persönlichen Blickwinkel.
- ✳ Er empfindet das Arbeitsvolumen als deutlich zu hoch und spürt die Dauerbelastung.
- ✳ Lukas vermisst das Menschliche im Umgang seiner Führungskraft mit ihm und dem Team.

Insgesamt nehmen sowohl die Aufgabendichte als auch die Verantwortung im Job bei beiden (Katrin und Lukas) zu. Das fühlt sich einerseits gut an, weil ihre Mitarbeit benötigt wird, andererseits befinden sie sich regelmäßig an ihrer Belastungsgrenze, wenig wertgeschätzt und ständig gehetzt. Die Gratwanderung zwischen ihrer Führungsaufgabe, der Jonglage aller

Bedürfnisse im Team und der Darstellung der Ergebnisse erschwert es ihnen, die Arbeitsweise im Team und die Organisationsstruktur weiterzuentwickeln, was aber nötig wäre.

Im folgenden Abschnitt möchte ich den Bereich von Paar und Familie genau betrachten. Und, du ahnst es bereits, auch dort geht es nicht nur entspannend zu.

In der Familie

Wenn du keine Kinder hast, werden die folgenden Situationen deutlich milder bei dir ausfallen. Die Grundmuster werden aber auch als Single oder im Paar ohne Kind deutlich und haben großen Einfluss auf dein Befinden im Privatleben (und natürlich auch im Job).

In mein Coaching – zum Thema „bewusster Umgang mit Belastungen" – kommen hauptsächlich Menschen mit Kindern. Bei ihnen ist das Dilemma zwischen den unterschiedlichen Bedürfnissen von Arbeit, Erziehung und Raumvergrößerung (Hausbau) augenfällig. Vor allem für sie habe ich dieses Buch geschrieben. Aus meiner eigenen Lebenserfahrung – als Vater von vier Kindern – und den Beschreibungen meiner Coachees wurde deutlich, dass die Strategie des „Aushaltens" immer noch von vielen Paaren angewendet wird. Frei nach dem Motto „Wenn wir erst …, dann wird alles leichter, besser und entspannter". Ich möchte dich in diesem Selbstlernwerk dazu anregen, dass du dein Leben für dich passend gestaltest, also aktiv das Steuer deines Lebens übernimmst.

Katrin

- Erziehungsaufgaben bleiben immer wieder an ihr hängen.
- Bei Care-Aufgaben im Haushalt und bei der Versorgung (Einkauf) denkt sie weiter voraus und fühlt sich „zuständig".
- Die Mischung aus Teilzeitarbeit und dem Erziehungsschwerpunkt, der bei ihr zu liegen scheint, ermöglicht keinerlei Pausen am Tag. Abends gegen 22:00 Uhr fühlt sie sich ausgelaugt und schläft auf der Couch ein.
- Qualitätszeit als Paar kommt nicht mehr vor und, wenn doch, ist sie so müde, dass sie am liebsten zu Hause bleiben würde.

Lukas

- Ihm fällt auf, dass er weniger Zeit für seine Familie hat.
- Seine Partnerin ist damit zunehmend unzufrieden und äußert dies auch.
- Häufig fallen Sätze, wie: „Wenn wir das hinter uns haben, dann ..."
- Er wechselt nahtlos vom Business-Dress in seine Arbeitskleidung und renoviert am Haus bzw. in der Wohnung.
- Sport wird immer öfter abgesagt oder verschoben.

Zweisamkeit fehlt ihnen beiden. Dies führt immer häufiger zu Diskussionen und Streit, wenn sie sich über die täglichen Aufgaben abstimmen. Die Zeit der freudigen Lebensgestaltung ist der Abarbeitung einer immer volleren To-do-Liste gewichen. Sätze wie: „Ich kann nicht mehr.", „Das hält doch keine/r aus.", „Wie machen das die anderen?" kommen immer öfter in ihren Gedanken vor bzw. werden immer häufiger ausgesprochen. Das Selbstwertgefühl nimmt dabei langsam und stetig ab, was die Stimmung und ihre Lebenszufriedenheit negativ beeinflusst. Ab und zu erinnern sie sich an Zeiten als Single ohne Kinder. In dieser Zeit hatten sie diese vielfältigen Aufgaben mit Hilfe eines großen Arbeitseinsatzes gerade so geschafft.

Hinzu kommt in diesem Lebensabschnitt die Teilung in Paare mit und Paare ohne Kind(er). Der Freundeskreis halbiert sich schlagartig. Gespräche drehen sich dann entweder um Kinder oder um Karriere. Eine rühmliche Ausnahme betrifft die Rolle als Tante/Onkel, die hier eine sinnhafte Brücke darstellt.

In der Welt

Seit Corona und dem Krieg in der Ukraine hat sich unsere Welt in vielen Bereichen dramatisch verändert. Mittlerweile ist wohl den meisten Menschen klar, dass wir die Umwelt zerstören und das Klima aktiv verändern, dass wir ein Riesenthema mit Nachhaltigkeit haben, der Weltfrieden massiv von Diktatoren gefährdet wird und wir über kein zeit- und menschengerechtes Bildungssystem verfügen. Diese Liste ließe sich noch weiter fortführen.

Das uns allen aktuell verfügbare Wissen versetzt uns allerdings in die Lage, unser Leben diesen Gegebenheiten entsprechend auszurichten. Wir können nicht mehr den Kopf in den Sand stecken und hoffen, dass es schon gut gehen wird. Die „Notlage" des Planeten Erde hat nun auch gesellschaftliche Konsequenzen. Auch in deiner Lebensphase wird es stärker um Sinnhaftigkeit und Nachhaltigkeit gehen.

Katrin

- ✳ Aggressive Kommunikation in ihrem Umfeld und den Nachrichten setzt ihr zu.
- ✳ Sie fragt sich immer öfter, was Menschen zu Äußerungen und Handlungen treibt, die so wenig mit ihren Werten vereinbar sind.
- ✳ Nachhaltigkeit erlebt sie nur als Lippenbekenntnis.
- ✳ Chancengleichheit vermisst sie immer stärker.

Lukas

- ✳ Ihm fallen unterschiedliche Werte der Generationen auf.
- ✳ Auf der Suche nach einem wirksamen Beitrag denkt Lukas über ehrenamtliches Engagement nach.
- ✳ Die allgemeine Unsicherheit des Weltfriedens und die Umweltzerstörung belasten ihn.
- ✳ Vieles scheint ausweglos. Ärger wird häufig geschluckt.

Die Zuversicht, die das Leben von Katrin und Lukas mit Beginn ihres Studiums oder der Ausbildung noch ausgefüllt hatte, nimmt spürbar ab. Schon jetzt ist die Verunsicherung, die viele Ordnungssysteme (Familie, Gesellschaft, Wirtschaft, Umwelt, Frieden) erreicht hat, greifbar. Wenn du dich hier in Teilen wiedererkennst, möchte ich dich beruhigen. Deine Wahrnehmungen sind absolut menschlich und kommen häufig in dieser Lebensphase vor.

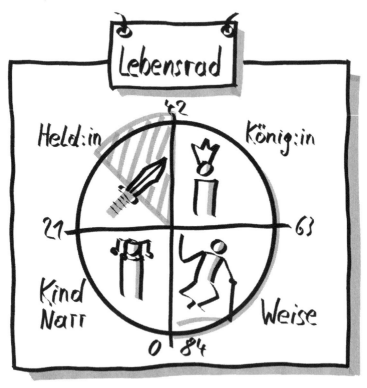

Abbildung 1: Lebensrad modifiziert von Reinhard Pleiner nach C. G. Jung

Die Abbildung des Lebensrads – entwickelt von (Pleiner, 2023) in Anlehnung an C. G. Jung – verdeutlicht deine Situation. Hier wird das Leben in vier große Abschnitte eingeteilt: Kind, Held:in, König:in, Weise. Das Segment der/des Superheld:in (in Abbildung 1: grau schraffierter Bereich) macht deutlich, warum diese Lebensphase so intensiv ist. In ihr finden meist drei bedeutende Ereignisse zeitgleich statt: Deine Karriere nimmt Fahrt auf. Ein Kind kündigt sich an. Dein Wohnraum wird vergrößert.

Mir hat diese Darstellung immer wieder verdeutlicht, wo ich aktuell in meinem Leben stehe und welches Ziel mit dem jeweiligen Quadranten verknüpft ist. Besonders in dem Lebensabschnitt der Held:innen, mit den gleichzeitigen Schwerpunkten von Karriere, Kind und Haus, ist ein bewusster Austausch mit deinem/deiner Partner:in eine Grundvoraussetzung deiner Bornoutprophylaxe.

Wie du dein Leben bewusst entwickelst

Meine Schilderungen von Katrin und Lukas haben dir wahrscheinlich den Spiegel vorgehalten. Nun möchte ich die drei Bereiche skizzieren, die dich bei der Lösung deiner Herausforderungen unterstützen werden. Sie stellen den roten Faden für dein erfolgreiches Selbst-Coaching dar. Gerade diese Reihenfolge der Themenbearbeitung ist aus der Sicht meiner 37-jährigen Erfahrung als Coach und Trainer ein Erfolgsgeheimnis für deine Umsetzung:

1. **Selbstfürsorge – ausgeglichen und erholt:**
   Finde einen Ausgleich, der dich entspannen und abschalten lässt und dir Lust auf mehr macht. Lerne deine Bedürfnisse kennen und die Gefühle, die dich darauf hinweisen.

2. **Kommunikation – offen und verbunden:**
   Lerne dich selbst mit deinen Prägungen besser kennen. Dadurch wird wertschätzende Kommunikation leichter gelingen. Nutze Kon-

ferenztools, um mit deinem Team in Kontakt zu bleiben.

3. **Führung – beweglich und mutig:** Lerne verstehen, wie wir Menschen „funktionieren", und folge deinen Werten. Du wirst dich immer sicherer fühlen. Agile Haltungen beleben dabei die Teamentwicklung.

Deine Arbeit mit diesem Buch. Vielleicht wäre es hilfreich für dich, wenn du dir für das Lesen, Nachdenken und Wirken lassen einen ruhigen Platz suchst. Um deine Gedanken, Ideen und Entscheidungen immer wieder nachschauen zu können, empfehle ich dir außerdem ein Journal, indem du deine Gedanken notierst. Ich liebe Notizbücher mit einem Gummiband und einer Schlaufe für den Stift. Möglich sind auch digitale Notizbücher oder Dokumentenverwaltungs-Apps, wie bspw. Evernote. Seitdem ich die Sketchnote-Methode von bikablo gelernt habe, nutze ich in meinen Aufzeichnungen auch kleine Zeichnungen. Finde eine für dich passende Umgebung und Routine. Da hier immer wieder Themen angesprochen werden, die dich zur Reflexion anregen werden, wirst du höchstwahrscheinlich in einen wiederkehrenden Entwicklungsprozess einsteigen.

Der QR-Code führt dich direkt zu allen Mini-Postern, Arbeitsblättern und Tests.

Einleitung

Eine weitere unterstützende Rahmenbedingung ist die gemeinsame Bearbeitung dieses Buchs zusammen mit deinem/deiner Partner:in. Daraus werden sich tiefe Unterhaltungen ergeben. Dazu braucht ihr beide, du und dein:e Partner:in, die Bereitschaft, euch auf diese gemeinsame Forschungsreise einzulassen, an deren vorläufigem Ende (nach dem Buch) höchstwahrscheinlich mehr Klarheit über Gemeinsamkeiten, Unterschiede und Entwicklungsfelder stehen wird. Häufig fehlt dafür im Alltag die Zeit. Wenn dem so ist, habt ihr euren ersten Systemfehler erkannt.

Vielleicht kennst du die Geschichte vom Holzfäller? Der wird von einem vorbeigehenden Wanderer gefragt, ob er nicht mal seine Axt schärfen möchte. Die Antwort des Holzfällers lautete: Geht nicht, dafür habe ich keine Zeit. Ich muss noch so viele Bäume fällen. Die Parallele ist überdeutlich. Paare in dieser Lebensphase nehmen sich zu selten Zeit, gemeinsam auf die Ausrichtung ihres Lebens, ihrer Arbeit und ihrer Visionen zu schauen.

Selbstfürsorge – ausgeglichen und erholt

* Im zweiten Kapitel dieses Buches geht es um den Aufbau deines guten Allgemeinzustandes.
* Es gibt aktuelle Probleme. Daher entwickelst du dein individuelles Ausgleichssystem, um dich erholt, freudvoll und optimistisch zu fühlen.
* Dazu gehören alle drei Ebenen: körperliche Regeneration, emotionale Entlastung und gedankliche Distanzierung.

Darf's auch etwas leichter sein?

* ✳ Das Hauptziel in dieser Phase des Selbstcoachings ist, dass du so schnell wie möglich die Zuversicht gewinnst, die Gestaltung deines Lebens in Angriff nehmen zu können.

In der Einleitung haben wir deine aktuelle Situation betrachtet und die Lösungsmöglichkeiten, die dieses Buch anbietet, aufgezeigt. Herausforderungen und deren Lösungen liegen häufig nicht sofort ersichtlich auf unserem Weg. Daher möchte ich dir nahelegen, dich als Erstes mit dem Ausgleich auf körperlicher, emotionaler und gedanklicher Ebene zu beschäftigen. Du wirst die positiven Effekte direkt wahrnehmen können und damit deine Zuversicht stärken.

Eine Hürde bei der Entwicklung deines individuellen Ausgleichprogramms sehe ich in unserer Prägung. Geht es dir ähnlich und kümmerst du dich vor allem erst einmal um die Bedürfnisse deiner Kunden, Kollegen, Familie und Freunde, bevor du an der Reihe bist? Diesen Prägungsmustern und deren Entkräftigung werden wir später auf den Grund gehen.

Damit du trotzdem gleich zu Beginn dieses Selbstcoachings ins Tun kommst, werden wir uns auf machbare kleine, wirksame Elemente konzentrieren, wie bspw. Spaziergänge, Atembeobachtung, Wasser trinken und Gespräch mit Freunden.

Du entwickelst eine regenerative und freudvolle Ausgleichsbasis, die deinen Neigungen entspricht. Du lernst deine Gefühle kennen und auf deine Bedürfnisse zu achten und du sorgst für die notwendige Erholung.

Bei den folgenden Themen bekommst du Orientierung und Hilfen: Bewegung und Fettstoffwechsel, Ernährung, Pausen &

Gehirn, Funktion von Gefühlen, Stress verstehen, Folgen von Dauerstress, Stopp-Tool, Selbstempathie, Gelassenheit.

> Dein Nutzen wird sein,
> * dass du mit kleinen Aktionen deine Regeneration unterstützt. Sie lässt dich direkt an die passende Entwicklung glauben, weil du spüren wirst, wie es dir besser geht.
> * dass du deinen Stoffwechsel aktivierst, die Fettverbrennung ankurbelst, eine Funsportart findest oder etablierst und viel mehr Freude erlebst.
> * dass sich deine körperliche Verfassung langsam, aber sicher in deine Wunschrichtung entwickelt. Das ist der größte Hebel, um dranzubleiben.
> * dass deine Selbstwahrnehmung intensiver wird und du einen entlastenden Umgang mit Gefühlen erlernst.
> * dass du die leichteste Meditationsform nutzt, nämlich die „Atembeobachtung", deine Erholung zwischendurch förderst und Störungen bewusster wahrnimmst.
> * dass du deine Handlungsgeschwindigkeit den Gegebenheiten deines Gehirns anpasst, um dich gelassener zu fühlen. Gemeint ist hier, dass du erst nachspürst und nachdenkst und erst dann entscheidest, wie es stimmig weitergehen kann.

Darf's auch etwas leichter sein?

Kommunikation – offen und verbunden

* Das zentrale Thema innerhalb deines Teams, deiner Partnerschaft und mit dir selbst (Selbstwahrnehmung) ist die Kommunikation. Worauf sie basiert und wodurch sie individuell so unterschiedlich ist, lernst du hier kennen.

* Wer andere Menschen verstehen möchte, muss erst einmal sich selbst verstehen. Du erforschst hier deine Prägungsmuster (Glaubenssätze und Antreiber).

* Kommunikationswerkzeuge, wie Smartphone, Videokonferenz und Mail, sind heute in jedem Setting abrufbar (Home, Office, Travel). Es braucht einen bewussten und klugen Einsatz dieser Werkzeuge (z. B. Fokus-Time).

* In unserer Zeit kommen immer häufiger Disruptionen vor. Sie sind dadurch gekennzeichnet, dass bisher geltende Grundlagen von Technologien, Geschäftspraktiken und Verhalten nicht mehr gelten. Die damit einhergehenden Irritationen gilt es vor allem von dir als Führungskraft aufzufangen.

Die Welt, wie du sie siehst, ist durch deine individuelle Prägungsbrille kalibriert. Dies ist einer der Hauptgründe für Konflikte zwischen Menschen. Gespräche, Diskussionen und auch Streits sind dann fruchtbar, wenn du deine Antreiber kennengelernt hast. Was ist dir von deinen Eltern beigebracht worden? Was war ihnen wichtig? Wie solltest du dich als Kind verhalten, damit du angenommen, wertgeschätzt und sicher sein konntest? Es kostet Mut, Energie und Ausdauer, die eigenen Muster kennenzulernen. Aus meiner Coachingerfahrung möchte ich behaupten, dass die innere Zufriedenheit an diese persönliche Erforschung gekoppelt ist. Ohne sie bleibt deine Zuversicht und Lebensfreude ein Zufallsprodukt äußerer Gegebenheiten.

Folgende Themen werde ich im Buch vertiefen: Antreiber-Arbeit, Glaubenssätze, Grundlagen der gewaltfreien Kommunikation, Empathie, Diversity, Gleichberechtigung, Work-Family-Balance, Mental-Load, Umfragen, Breakout-Rooms, VUCA-Grundlagen.

> Dein Nutzen wird sein,
> - ✺ dass du dich selbst besser kennenlernst und beginnst, dich mehr wertzuschätzen.
> - ✺ dass du dich in einer Unterhaltung selbst reflektierter wahrnimmst, um mit deinem Gesprächspartner verbunden zu bleiben.
> - ✺ dass du andere Meinungen, Haltungen und Wünsche hören kannst, ohne dagegen zu argumentieren – die zentrale Grundlage für Gleichberechtigung und Diversity.
> - ✺ dass du das Gute aus beiden Welten – Präsenz und Online – variabler im Alltag verbinden kannst.

Darf's auch etwas leichter sein?

Führung – beweglich und mutig

* Agilität hilft dir, dich auf neue Situationen einzustellen. Diese neue Beweglichkeit macht dich zu einem wertvollen und hilfreichen Partner und Leader.
* Führung in Zeiten von New Work & Agilität bedeutet, dass du Mitarbeitende stärker beteiligst und lernst, Verantwortung ans Team abzugeben.
* Du behältst auch in stressigen Situationen – egal ob mit Mitarbeitenden oder Kindern – die Ruhe, gemeinsam tragfähige Lösungen zu finden.
* Die Sinnhaftigkeit und Nachhaltigkeit in deinem Tun sind dir bewusst und du setzt dich zunehmend dafür ein.

Du lernst verstehen, wie wir Menschen „funktionieren". Durch die Erkenntnis deiner eigenen Prägung wächst der milde Blick auf andere Menschen. Jeder Mensch hat das Bedürfnis, seinen Teil zum Großen und Ganzen beizutragen. Diese Haltung entspricht agiler Führung und ist eine Grundvoraussetzung für die Entstehung von Vertrauen. Damit wird es leichter, Prozesse, Aufgaben und Entscheidungen an Menschen und Gruppen abzugeben. Auf dieses Bedürfnis sowohl in Partnerschaft und Familie als auch im Team einzugehen, zahlt sich mehrfach aus. Wenn du zunehmend häufiger nach deinen Werten handelst, wirst du für deine Mitarbeitenden vorhersehbarer und eine wertvolle, gute Führungskraft. Dadurch wird deine Anerkennung steigen. Du spürst es daran, dass Menschen gerne mit dir zusammen sind.

Einleitung

Wenn dir Zeit wichtiger ist als finanzieller Ausgleich für Überstunden, dann brauchst du eine Vorstellung, wie du dich zeigen und notfalls auch abgrenzen kannst. Wenn du dich selbst, sowohl im Job als auch in der Partnerschaft und Erziehung deiner Kinder, als freudvoll wirksam erleben möchtest, gibt dir dieses Buch wertvolle Möglichkeiten, dies zu entwickeln.

Bei den folgenden Themen bekommst du hier Orientierung und Hilfe: Salutogenese, gesunde Mitarbeiterführung, Retrospektive, Arbeitszufriedenheit, Führung in Veränderungen, Feedbackkultur, Onlinetools (Mentimeter, TaskCards), Balance-Gespräch.

> Dein Nutzen wird sein,
> * dass du dich deutlicher zeigst und abgrenzt, wenn deine Werte nicht geachtet werden.
> * dass du eine Kultur des Vertrauens unterstützt, was zur Folge hat, dass sich Menschen dir gegenüber ehrlich zeigen werden.
> * dass du als Partner, Elternteil und Führungskraft zu einem Leuchtturm wirst, an dem sich die Menschen orientieren können.
> * dass du öfter Fragen stellen wirst, als lange Erklärungen abzugeben.

Darf's auch etwas leichter sein?

1 | Mein eigener Weg

„Freude vor Krampf."

Roberts Kernstatement Nr. 2

Darf's auch etwas leichter sein?

1 | Mein eigener Weg

Bevor wir so richtig in die Themen einsteigen, möchte ich dir zeigen, wer ich bin, wie ich bin und warum ich so geworden bin.

Abbildung 2: mit 28, als sportmed. Leistungsdiagnostiker

Abbildung 3: heute mit 62, als Trainer & Coach

Meine Leidenschaft: Lernen lebendig und erfahrungsorientiert gestalten. In der zehnten Klasse habe ich meine Leidenschaft entdeckt. In Biologie hatte ich ein Referat zu halten. Ich war der dritte Schüler, der vortragen sollte. Die beiden Schüler vor mir lasen ihr Referat sitzend ab. Meine Unzufriedenheit stieg immer mehr an. In meinem Kopf tauchten Sätze auf, wie „Oh man, lesen kann ich allein." und „So eine Zeitverschwendung!". Als ich dran war, ging ich ärgerlich nach vorne, knallte mein Skript aufs Pult und stapfte durch die Reihen, um meine Mitschüler:innen wieder wach zu bekommen. Es wurde meine erste Info-Show mit Beteiligung der Schüler. Und ich fühlte mich lebendig, wirksam und gut. Hinterher bekam ich selbst von den „schrägsten Vögeln" anerkennende Kommentare: „Hey, Kobe (mein Spitzname in der Schule), das war ja mal was."

Meine Antreiber: Sei nett und sei stark. Meine Mutter war eine warmherzige Frau, die gut zuhören konnte und Sicherheit schenkte. Durch ihre Wertschätzung und Liebe konnte mein Vertrauen in mich und die Welt wachsen. Wenn mein Bruder und ich mal wieder eine Scheibe mit dem Fußball zerlegt hatten, fragte sie nur, wieviel Taschengeld wir noch hätten, gab denselben Betrag dazu und verschaffte uns einen Job zum Kisten stapeln, damit wir den Restbetrag für eine neue Scheibe dazuverdienten. Sie schaffte es, uns, trotz aller Streiche, das Gefühl zu geben, dass wir gut, okay und liebenswert waren. Dieses Geschenk kann keiner von uns beeinflussen. Es wird uns einfach gegeben oder verwehrt. Ich bin mir sicher, dass all meine Qualitäten im Umgang mit Menschen dort ihren Ursprung haben, bis hin zum Antreiber „sei nett". Auch die Alltagsroutinen mit meiner Mutter waren durch gegenseitige Achtung und das Gefühl einer friedlichen Atmosphäre geprägt.

Da ich auch als Kind schon sehr viel Sport getrieben habe, sah mein Schultag in etwa folgendermaßen aus:

- Nach der Rückkehr aus der Schule legte ich mich eine Stunde schlafen (was ich heute noch tue, wenn möglich).
- Wenn meine Mutter von ihrer Arbeit kam, kochte eines der Geschwister zusammen mit ihr.

- ✳ Gegessen haben wir im Wohnzimmer mit dem Teller in der Hand, da meine Mutter etwas müde auf dem Sofa saß und direkt nach dem Essen eine Ruhepause einlegte. Während des Essens unterhielten wir uns über den Tag (Schule, Arbeit, Sport).
- ✳ Danach erledigte ich meine Schulaufgaben (mehr schlecht als recht) und radelte zum Training: Leichtathletik (bis zum 10-Kampf), Trampolinspringen und Volleyball.

Mein Vater war Handwerker und Techniker. Von ihm konnte ich sämtliche Arbeiten mit Werkzeugen lernen, sowohl praktischer als auch technischer Natur. Wenn er im Stress war, folgte er leider der Strategie, die er von seinem Vater gelernt hatte, und teilte ordentlich aus (bis hin zu Schlägen). Inzwischen weiß ich, dass in mir durch sein Vorbild als Handwerker zusammen mit meiner Angst vor Bestrafung der Antreiber „sei stark" geprägt wurde. Im Gegensatz zur Sicherheit, die meine Mutter ausstrahlte, hatte sein Stressverhalten eine große Angst vor Gefahr in mir hervorgerufen. Heute kann ich sehen, dass ihm die Chance der therapeutischen Aufarbeitung seiner Kindheit fehlte.

Ich bin sehr dankbar, dass ich meine Antreiber, Glaubenssätze und kindlichen Gefühle im Coaching aufgedeckt habe. Auch wenn ich meine Schattenseiten erst spät durch meine Weiterbildungen zum Systemischen Organisationsberater, Empathischen Coach und Konflikt-Coach kennengelernt habe. Daraus ist mein Blick auf die Welt, wie ich sie gesehen habe und heute sehe, erst für mich verstehbar geworden. Ich kann meine Kindheit heute gut annehmen und habe inzwischen auch meinem Vater verzeihen können.

Darf's auch etwas leichter sein?

Weggabelung: Lehrer oder selbstständiger Trainer. Nach meinem Studium (Diplom Sportlehrer und Biologie Sek. II) wusste ich nicht, ob ich auf eine der damals seltenen Lehrerstellen warten oder mich selbstständig machen sollte. Ich entschied mich zusammen mit meinem damaligen Studienfreund Michael Treixler für die Selbstständigkeit. Wir gründeten 1986 die „SKOLA – Mobile Trainings- und Gesundheitssteuerung" und waren damit die ersten mobilen Leistungsdiagnostiker im Hochleistungssport. Um vor Ort Laktatmessungen im Training anbieten zu können, bauten wir ein Wohnmobil zum Messfahrzeug um und fuhren direkt zu den jeweiligen Trainingsstätten der Sportler:innen. Das war damals etwas ganz Neues und unser erster Kunde – der VfL Gummersbach mit dem Trainer Heiner Brandt – wurde mit unserer Unterstützung in diesem Jahr deutscher Handballmeister.

Durch Jahre als „sportmedizinischer Konditionstrainer" in unterschiedlichsten Sportarten (Fußball, Handball, Basketball, Volleyball, Judo, Taekwondo, Skilanglauf, Nordische Kombination, Triathlon, Wildwasserkanu, Tennis, Squash) lernte ich das Prinzip von Belastung und Erholung verstehen. Schon damals faszinierte mich die komplexe wechselseitige Beeinflussung der körperlichen, mentalen und emotionalen Bedingungen für die Wettkampfleistung. Ich bin heute noch dankbar, diese Chance zur Selbstständigkeit ergriffen zu haben. Wir waren aus heutiger Sicht ein typisches Start-up:

* aus einer Idee ein Angebot entwickelt,
* Kredit beantragt (und bekommen),
* mit großer Vision eine wirksame Dienstleistung angeboten,
* bis an den Rand des Machbaren gearbeitet,

* viele Fehler in den Bereichen Pausen, persönliche Ziele und Kommunikation begangen,
* getrennte Wege gegangen und doch sehr viel daraus gelernt.

Geschieden, getrennt und Vater von vier Kindern. Ganz ehrlich? Bis zu meinem 40. Lebensjahr habe ich mich auf meine Qualitäten besonnen, ohne meine Schattenseiten zu beleuchten. Herausgekommen ist ein vordergründig zufriedener Vater, Ehemann und Lerngestalter, der einen Bogen um seine schmerzhafte Kindheit machte. Vor allem der Glaubenssatz „Als Eltern darf man/frau sich nicht trennen" hat mich im Verdrängen, Aushalten und im Schmerz gehalten, bis ich es nicht mehr ertragen konnte. Erst da habe ich nach Unterstützung gesucht und immer ehrlicher in den Spiegel geschaut. Ohne die Hilfe durch Coaches und Therapeuten hätte ich wahrscheinlich noch einmal 20 Jahre gebraucht, um mich und meine Zufriedenheit ernst zu nehmen.

Meine Glaubenssätze – in Verbindung mit der Maßgabe, es anderen recht zu machen und dabei auch noch stark zu bleiben – waren das starre Gerüst meines Lebens. Ich habe zwar meine Bedürfnisse wahrnehmen können, mich aber dafür entschieden, mich nicht mit meiner Vergangenheit zu konfrontieren. Einer der Glaubenssätze, die durch Therapie und Coaching deutlich wurden, war folgender: „Eigentlich habe ich Glück gehabt und bin ein Kind der Sonne, da braucht es keine Aufarbeitung meiner schmerzhaften Vatergeschichte." Da kann ich jetzt nur sagen: „Dumm gelaufen," dass mich dieser Glaubenssatz so lange davon abgehalten hat, mich und meine Muster selbstkritisch zu hinterfragen. Mittlerweile bin ich damit im Reinen. Gleichzeitig war es mein Weg und ich nehme ihn so an, wie er war. Heute kann ich all die Wachstumschancen erkennen und bin dankbar dafür. Jede:r Partner:in und jede Lebenssituation ist genau die Richtige, um den nächsten Entwicklungsschritt zu bearbeiten, so ich mich dem stelle. Seitdem ich das so sehen kann, geht es mir mit meinen beiden Ex-Frauen, den daraus entstandenen vier Kindern und meinem Leben im Hier und Jetzt viel besser.

Als Coach mit meinen Lebenserfahrungen, Learnings und meinem offenen Herzen kann ich dir keine Abkürzung verschaffen. Ich sage dir nicht, was du tun sollst. Ich kann dich aber darin unterstützen, dass du dich selbst besser wahrnimmst, Mut sammelst und dein Leben für dich passender gestaltest. All die intensiven Gefühle als Partner, Vater und Führungskraft (Personalvorstand einer Schule), meine Arbeit mit so vielen Menschen, meine Weiterbildungen und meine Entwicklung haben dazu beigetragen, menschliches Verhalten immer besser zu verstehen. Und ja, als Experte im bewussten Umgang mit Belastungen – sowohl körperlich als auch mental und emotional – nähern wir uns meiner Superpower und warum ich für dich der richtige Coach sein könnte.

Erfolgsfaktoren meines Angebotes: Empathie, Mut machen und Vertrauen stärken

Meine Leidenschaft,

- ✳ Menschen in ihrer Entwicklung zu unterstützen,
- ✳ seit 37 Jahren selbstständig zu sein und
- ✳ mein Business immer wieder neu anzupassen,

kannst du wahrscheinlich nach diesen Seiten nachvollziehen.

An dich zu glauben und dir Mut zu machen, liebe:r Leser:in, ist meine daraus resultierende „Superkraft". Ich glaube an deine Potenziale und Möglichkeiten, liefere dir die Grundlagen, Menschen besser zu verstehen, und ermuntere dich, deinen Weg aktiver zu gestalten. All die Möglichkeiten sind bereits in dir. Es geht vor allem darum, dir selbst zu erlauben, sie freizulassen und dich auf deinen Weg zu machen. Dieser Weg findet für dich persönlich, im Austausch mit deiner Familie und mittels Positionierung innerhalb deiner Arbeit statt. Ein wahnsinnig spannender, aufregender und lohnender Weg.

Herzlichst dein Coach,

Robert Jautschus

Darf's auch etwas leichter sein?

2 | Dein privater Bereich: Lebe bewusst

„Selbstführung vor Fremdführung. Gib ein Bild ab, wie du kommunizieren möchtest."

Roberts Kernstatement Nr. 3

Darf's auch etwas leichter sein?

2 | Dein privater Bereich: Lebe bewusst

Mein grundlegendes Ziel für dich ist es, dass du dich vor allem um dich selbst kümmerst. Ich kann mir gut vorstellen, dass du am liebsten direkt mit zentralen Themen starten würdest, wie bspw. mit Führungsthemen im Team oder mit einem Austausch zu Visionen als Paar und Familie. Ich bin da ganz bei dir und deinem Verlangen nach sofortigen Lösungen. Um diese Herausforderungen gut bearbeiten zu können, ist es jedoch hilfreich, sich selbst nicht verzagt und ausgelaugt zu fühlen, sondern von Freude und Hoffnung getragen zu sein. Lass uns also damit beginnen, für dich eine gute Basis zu etablieren oder zu festigen, damit du aus einer zuversichtlichen Stimmung heraus handeln kannst.

Den gesundheitswissenschaftlichen Hintergrund zu diesem Vorgehen habe ich im Zweig der Salutogenese bei Aaron Antonovsky gefunden (Bengel, Strittmatter, & Willmann, 1998). Hier wird nach Erfolgsfaktoren gesucht, die dich gesund und zufrieden halten. Später dann, wenn wir im Bereich der Führung angekommen sind, betrachten wir die Erfolgsfaktoren (Verstehbarkeit, Bewältigbarkeit und Sinnhaftigkeit) noch einmal genauer. Wenn du diese Faktoren im Blick behältst, wirst du die Zufriedenheit und Gesundheit deiner Mitarbeitenden besonders gut unterstützen können (s. Abbildung 4: Salutogenese-Modell, rechte Seite: systemische Faktoren). Beide Faktoren (persönliche und systemische) unterstützen dich dabei, Anforderungen angemessen zu beurteilen. Je besser du in beiden Bereichen für dich sorgst, desto weiter rechts auf dem Gesundheitskontinuum wirst du dich befinden.

Du brauchst also für dich passende Elemente aus dem Bereich der persönlichen Faktoren (Abbildung 4: Salutogenese-Modell, linke Seite), um deine Basis, Widerstandsfähigkeit oder Robustheit zu stabilisieren. Eingang in dein persönliches Selbstpflegeprogramm sollten Themen finden, die dir Freude bereiten. Damit steigt die Wahrscheinlichkeit, dass du sie dauerhaft in deinen Alltag integrierst und pflegst. Ich mag dieses Modell so sehr, weil es sich um eine freudvolle Zusammenstellung hilfreicher Lebensbedingungen handelt, die du dir individuell passend gestalten kannst. Das war in der Anfangszeit meiner Selbstständigkeit (vor 37 Jahren) noch nicht so verbreitet. Da habe ich für meine Coachees und Seminarteilnehmer Programme erstellt, die einem Pflichtenheft ähnelten. Tue davon mehr und davon weniger, dann bekommst du Gesundheit und Fitness etc.

Kommt dir spontan etwas in den Sinn, das dich froh und ausgeglichen macht? Schreib es bitte direkt in dein Journal. Es kann sogar sein, dass du damit schon schöne Erfahrungen sammeln konntest, aber dieses wunderbare Hobby aktuell weggeschlossen hast. Wir werden schauen, ob es wieder reaktiviert werden kann.

Privater Bereich

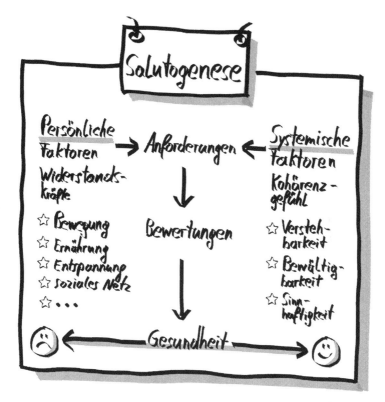

Abbildung 4: Modell der Salutogenese, nach A. Antonovsky

Die drei Erfolgsfaktoren der Kohärenz (= innerer Zusammenhalt, s. Abbildung 4: Salutogenese-Modell,[1] rechte Seite: systemische Faktoren) erleichtern deinen Umgang mit Aufgaben im Arbeitsumfeld. Wir Menschen haben das Bedürfnis, unseren Teil beizutragen und damit wirksam zu sein. Dies entspricht

---

[1] Die vereinfachte Darstellung des Salutogenese-Modells von Aaron Antonovsky ist in Zusammenarbeit mit Lutz Hertel (Hertel, 2023) entstanden.

auch agilen Haltungen. Wenn du verstehst, was zu tun ist, dass es bewältigbar ist und in welches größere Ganze deine Tätigkeit eingebunden ist, fällt dir deine Arbeit deutlich leichter. Ich fasse dieses Modell gerne mit folgender Empfehlung zusammen: Freudvoll wirksam sein. Wenn du dir dein Leben in dieser Richtung bewusst gestaltest, erlebst du mehr Lebensfreude, unabhängig von deinem Schicksal.

Ich möchte nun mit dir starten, dein für dich passendes Selbstpflegeprogramm zu entwickeln. Es wird dich dabei unterstützen, deinen Körper, deine Gefühle und deinen Umgang zu reflektieren und mit passenden Verhaltensweisen zu stützen. Ich vergleiche es gerne damit, erst einmal kräftig durchzuatmen, bevor ich in einer Diskussion antworte. Ich sorge dabei für eine gute Ausgangssituation, bei mir zu bleiben und gleichzeitig mein Umfeld und meinen Gesprächspartner wahrnehmen zu können.

Was meine ich mit der Aussage „Lebe bewusst"? Ich vergleiche die grundlegenden Eckpfeiler für deine Zufriedenheit mit einer Reise zu dir selbst. Indem du dich besser kennenlernst, mit deinen Neigungen, Stärken, Schwächen und Prägungen, wächst das Verständnis

* für deinem Blick auf die Welt und für das, was für dich selbstverständlich, normal, angenehm bzw. störend ist, und
* für deine Mitmenschen und warum sie sich häufig anders äußern und verhalten als du.

Das Ergebnis dieser Reise ist, dass du diese Unterschiedlichkeiten leichter annehmen kannst, ohne sie abzuwerten. Gleichzeitig wird dein Mut wachsen, dich dem zu stellen und dich mit deinen Gedanken, Gefühlen und Wünschen zu zeigen.

2.1 Gesunde Basis: Hier startest du

Ich möchte dich motivieren, direkt zu starten. Dafür findest du hier die Kurzform für eine gute Verfassung. Sie setzt sich aus jeweils einem Erfolgsfaktor der drei Bereiche körperliche Regeneration, emotionale Entlastung und gedankliche Distanzierung zusammen.[2] Ich habe dir drei leicht umsetzbare Tipps zusammengestellt, die rasch ihre Wirkung zeigen. Damit kannst du gleich loslegen und dich stärken:

* **körperliche Regeneration:** Trinke zu jedem Tee oder Kaffee ein Glas Wasser und gehe einmal pro Tag 30 Minuten ins Freie (Spaziergang oder Rad fahren)
* **emotionale Entlastung:** Unterhalte dich einmal pro Woche mit deiner besten Freundin/ deinem besten Freund
* **gedankliche Distanzierung:** Beobachte einmal pro Tag für 7-10 Minuten deinen Atem (Sitzmeditation)

Ich möchte es einmal so beschreiben: Wer es schafft, dies sechs Wochen lang umzusetzen, dem gelingt alles, was sie/er sich vorgenommen hat. Dieses Light-Paket der Selbstfürsorge setzt Erholung, Ruhe und Austausch in Gang, die du tatsächlich bemerken wirst. Außerdem kannst du mit Hilfe dieser drei Ver-

---

[2] Diese Dreiteilung entstand in gemeinsamer Entwicklung mit Carmen Nitka (Nitka, 2023).

haltensrituale deine Selbstdisziplin prüfen. Was bist du aktuell bereit zu investieren, damit es dir besser geht und du dein Leben wieder bewusster steuern kannst?

Ich möchte dir empfehlen, damit zu starten und dir diese neuen Gewohnheiten anzueignen. Dabei kann es auch Tage geben, an denen du nur zwei Dinge umsetzt. Wichtig ist aus meiner Sicht nur, dass du dir dessen bewusstwirst und die Gründe betrachtest, die dich daran gehindert haben. Auf diese Weise wirst du dich täglich mit dir und deinen Bedürfnissen auseinandersetzen. Dies wird dazu führen, dass du grundsätzlicher auf dich, dein Leben und die Dinge, die dir wichtig sind, schauen wirst (s. Abbildung 5: 3 Fragen).

Nimm dir dein Journal und beantworte für dich in Stichpunkten folgende Fragen:

Frage 1: Wofür strengst du dich an? Dieser Frage beinhaltet, wohin deine Energie fließt, wer sie bekommt und in welchem Bereich.

Frage 2: Was ist dir extrem wichtig? Hier kannst du deine Werte, Bedürfnisse, Menschen und Leidenschaften aufzählen, nach der Devise: Was davon erlebbar ist, macht dich glücklich.

Frage 3: Kommt davon genug vor? Du stellst damit die Antworten aus Frage 1 und 2 einander gegenüber und betrachtest die Ausgewogenheit zwischen Aufwand und Nutzen. Hier gibt es kein Richtig oder Falsch. Entscheidend sind deine Wahrnehmung und deine eigene Bewertung. Auch ein Trend oder eine Ahnung kann dir hier schon wertvolle Impulse geben, wofür du diese Selbstforschung hier unternimmst.

Privater Bereich

Deine Arbeit mit diesem Buch. Die Abbildung 5 (Drei Fragen) findest du auch im Kurs als farbiges Mini-Poster. Nutze dazu diesen QR-Code.

Der QR-Code führt dich direkt zu allen Mini-Postern, Arbeitsblättern und Tests.

Abbildung 5: Drei Fragen für dich und dein Journal

Die Notizen zu diesen Fragen können es in sich haben. Vor allem die Verbindung zwischen deiner investierten Energie und dem Vorkommen dessen, was dir wichtig ist, könnte deine größte „Baustelle" schon deutlich zeigen. Ist das tragisch? Nein, es zeigt dir nur, wo du aktuell stehst. Jetzt liegt es an dir, klar zu bekommen, ob du das so willst oder andere Träume hast. Sollte es da einen Unterschied geben, weißt du jetzt noch sicherer, dass du etwas ändern willst, aber vielleicht noch nicht wie. Genau dabei unterstütze ich dich mit diesem Buch. Atme tief durch, denke an etwas Schönes und glaube an deine Kraft. Sie hat dich bis hierhergebracht und sie kann dich auch genau dahin führen, wo du so sehr hin möchtest. Glaubst du es schon ein wenig? Dann lies weiter.

2.1.1 Körperliche Regeneration

Die meisten Menschen erleben den Zugang zu sich selbst und ihrem Befinden am leichtesten über den Körper. Nicht umsonst berichten wir eher über unseren körperlichen Zustand, wenn wir gefragt werden, wie es uns geht. Stell dir bitte kurz eine Woche bildhaft vor, in der du an einem schönen Ort bist. Dort wechseln leichte körperliche Aktivitäten, Essenszeiten und Entspannungsangebote über den Tag verteilt mit Mittagsschlaf und Lesen ab. Was ich dir hier beschreibe, ist ein Zustand, bei dem du immer wieder bewusste Entscheidungen triffst, was du – aus welchem Bedürfnis heraus – als Nächstes tust. Und ja, in diesem Setting ist es leichter, gut für sich zu sorgen. Dabei kommt eine grundlegende Fähigkeit zum Einsatz: deine Selbstwahrnehmung.

Ich vermute, dass solche Zeiträume für dich aktuell nicht oder sehr selten vorkommen und es dafür „gute" Gründe gibt. Gleichwohl machen sich dein Körper, deine Gedanken und deine

Gefühle deutlich bemerkbar und rufen dir ständig zu: „Hey, so geht es nicht weiter!"

Bewegung & Stoffwechsel

Auch wenn ich selbst aus der sportmedizinischen Konditionsberatung komme, möchte ich dich in diesem Bereich vor allem motivieren, eine Bewegungsart zu etablieren, die dir richtig viel Freude bereitet. Bei Heldinnen und Helden in deiner Lebensphase beobachte ich sehr häufig, dass sie früher zwar recht regelmäßig Sport betrieben haben, dieser bei der jungen Mutter bzw. dem jungen Vater aber fast gänzlich aus ihrem Alltag verschwunden ist. Den größten Nutzen von regelmäßiger Bewegung sehe ich im körperlichen und emotionalen Ausgleich. Der lässt sich über erlebte Freude am leichtesten wieder in den Alltag integrieren. Der konditionelle und gesundheitliche Nutzen wirkt sich mittelfristig stabilisierend auf deinen Allgemeinzustand aus.

Deine Arbeit mit diesem Buch. Notiere dir in deinem Journal (du wirst es brauchen) alle Sportarten, die du in deinem Leben gelernt hast. Gibt es in dieser Liste Sportarten, die du in deinem Lebensumfeld betreiben kannst? Was müsstest du ändern, damit du einmal pro Woche in diesen Genuss kommen könntest? Wenn du in einer Partnerschaft lebst, dann geht es um organisatorische Abstimmungen, um euch gegenseitig zu unterstützen. Denn eines ist für mich ganz klar: Gleiches Recht für alle, un-

Der QR-Code führt dich direkt zu allen Mini-Postern, Arbeitsblättern und Tests.

abhängig davon, wer sich gerade wieviel womit beschäftigt (beruflich und privat). Der körperliche, emotionale und gedankliche Ausgleich gehört ganz nach oben auf eurer Liste der zu erfüllenden Bedürfnisse.

Ich erinnere mich an ein Gesundheitsseminar für Meister im Bereich der Autozulieferer. Es gab einen Teilnehmer – ich nenne ihn hier Kurt – der sich in seine Unzufriedenheit zurückgezogen hatte. Ich konnte ihn mit keinem Thema aus seinem Schmerz locken, bis ich ihm abends, ohne weitere Absicht, das Billardqueue in die Hand drückte und ihn bat, kurz für mich weiterzuspielen. Als ich von der Toilette zurückkam, war der Raum mucksmäuschenstill, weil Kurt gekonnt den ganzen Tisch abräumte. Hinterher erzählte er mir, dass er damit geliebäugelt hatte, Profi zu werden. Als das erste Kind auf die Welt kam, stellte er das Queue in den Schrank, mit dem Glaubenssatz: „Als Familienvater geht das nicht." In diesem Moment verstand er das Prinzip der Freude und nahm sich vor, diesen Ausgleich wieder zu kultivieren. Diese Geschichte steht für zahllose andere dieser Art, in denen Menschen sich eine echte Leidenschaft verboten haben, als ihre Kinder kamen. Dieses Beispiel macht die Kraft der Gedanken (Bewertungen) deutlich. Außerdem kann dich die Freude dabei unterstützen, deine Lieblings-Bewegungsart wieder regelmäßig auszuüben.

Okay, springen wir ganz konkret ins Thema Fettverbrennung. Und ja, ich weiß, das ist ein höchst sensibles Thema bei jungen Eltern im Bermudadreieck der Held:innen. Ich zeige dir,

* wie du Sauerstoff in deinen Körper tankst: wichtig für alle Stoffwechsel-, Regenerations- und allgemeinen Lebensprozesse,

* wie du Körperfett verbrennen kannst und wieder in Form kommst und
* wie deine Ausdauer die Grundlage für vielfältige körperliche Beanspruchungen wird.

Wusstest du, dass Hundebesitzer eine vergleichsweise gut trainierte Ausdauer haben, ohne es zu wissen? Sie gehen regelmäßig mit ihrem Hund spazieren, bei Wind und Wetter. Dennoch meinen sie, sie seien unsportlich, weil Spaziergänge ja keine Wirkung hätten und sogar Spaß machten. Viele von uns denken, Sport – erst recht Ausdauertraining – müsse doch schmerzen. Nein, muss es überhaupt nicht. Im Gegenteil, wenn du beim Ausdauertraining kurzatmig wirst, verbrennst du kein Fett mehr, sondern fast ausschließlich Zucker. Konkret nutzt du Körperfett als Energieträger beim Ausdauertraining, wenn die Belastungsintensität sehr moderat gewählt wird. Mit zügigem Walken oder leichtem Traben (langsames Joggen) kurbelst du nach ca. 30 Minuten die Fettverbrennung so richtig an. Da Fett etwas mehr Sauerstoff für die Umwandlung in Bewegungsenergie benötigt, bringst du deinem Körper bei, mehr Sauerstoff in den Körper zu transportieren. Nebenbei verbrennst du sehr wirkungsvoll Fett und fühlst dich angenehm beansprucht.

Darf's auch etwas leichter sein?

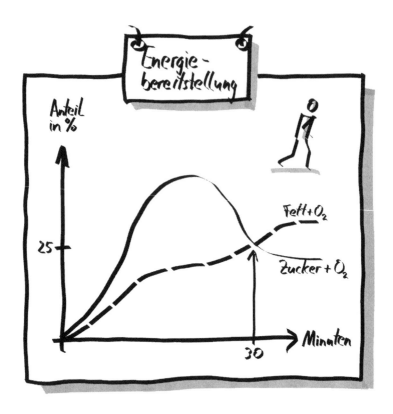

Abbildung 6: Energiebereitstellung bei dosiertem Ausdauertraining

Wenn du dich für höhere Intensitäten entscheiden solltest, in denen der Körper nicht ausreichend mit Sauerstoff versorgt wird, wird zusätzlich auf den Zuckerstoffwechsel, ohne die Verwendung von Sauerstoff (anaerobe Glykolyse), zurückgegriffen. Ein erheblicher Nachteil dabei ist, dass dabei Milchsäure entsteht, die den Umbau von Fett und Sauerstoff zu ATP (Adenosintriphosphat = energiereiche Verbindung, die Muskelbewegungen ermöglicht) stark bremst, die Erholungszeit verdoppelt und den Trainingseffekt für die Ausdauer fast halbiert. Eine einfache Orientierung zur Intensitätssteuerung beim Walken/Joggen ist der sogenannte 4-Atem-Schritt-Rhythmus. Dabei atmest du auf vier Schritten gleichmäßig einmal ein und auf den nächsten vier Schritten gleichmäßig einmal aus (s. Abbildung 7: Kontrolle der Belastungsintensität beim Walken/Joggen). Spürst du schon nach drei oder gar nach zwei Schritten den Impuls, erneut einzuatmen, bist du zu schnell. Ich empfehle dir daher, deine Geschwindigkeit so weit zu drosseln, bis der 4-Atem-Schritt-Rhythmus gut möglich ist, auch wenn dies bedeutet, dass du vom Joggen ins Walken reduzieren musst. Die Wirkung für die Ausdauer ist trotzdem besser, als dich mit intensivem Joggen zu überlasten. Kopple das Training der Grundlagenausdauer mit einem angenehmen Gefühl der Belastung, bei dem du bequem reden könntest (Froböse, 2015).

Darf's auch etwas leichter sein?

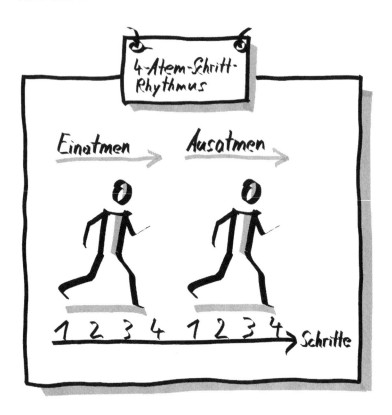

Abbildung 7: Kontrolle der Intensität der Belastungsintensität beim Walken/Joggen

Dieser kurze Ausflug in die sportmedizinische Trainingslehre zeigt, dass, vor allem beim Wiedereinstieg in dein Grundlagenausdauertraining, die dosierte Trainingsintensität das wichtigste Kriterium für deinen Trainingserfolg ist. Ein zweiter Punkt ist die Dauer. Wie du in Abbildung 6 siehst, startet die Fettverbrennung nach ca. 25 Minuten erst so richtig durch. Das bedeutet also, dass dein Ausdauertraining erst deutliche Erfolge mit sich bringen wird, wenn du es schaffst, dreimal pro Woche jeweils eine Stunde zu walken, radeln, inlinenern oder joggen. Alles andere bringt dir zwar Bewegungsfreude und Ausgleich für den Tag, aber keinen deutlichen Umbau der Körperzusammensetzung.

Beim Wiedereinstieg in regelmäßigen Sport erscheint es meist utopisch, jeden zweiten Tag eine Stunde reine Bewegungszeit zu investieren. Das kann ich gut nachvollziehen. Schon nach unserem zweiten Kind dachte ich kurzzeitig: „Okay, das war's jetzt, mit meinem sportlichen Leben." Es gab keine zeitlichen Lücken, die ich dafür hätte nutzen können. Hier möchte ich auf das Kapitel 2.2.1 „Individuelle Prägungsbrille" hinweisen. Dort werden wir uns damit beschäftigen, wie du mehr von dem am Tag tust, das dir wichtig ist. Die Frage wird sein: Kennst du deine Bedürfnisse und werden sie ausreichend erfüllt?

Eine Variante regelmäßiger Bewegung könnte zum Start so aussehen: Einmal pro Woche Ausdauertraining machen, zusätzlich einmal etwas Nützliches tun (bspw. Rasen mähen) und noch ein weiteres Mal deiner Fun-Sportart nachgehen. Ich persönlich favorisiere dieses Programm sogar, wobei bei mir noch 1-2 weitere Ausdauereinheiten hinzukommen. Aber lass dich hier nicht entmutigen. Dein Weg, mit Partner:in, den Kindern, der beruflichen Verwirklichung und der Integration deiner Hobbys, ist ein langer und intensiver. Dabei wirst du immer wieder der Frage begegnen, wieviel Zeit du für die Arbeit aufwenden „musst", um das nötige Geld für euer Lebensbudget zu verdienen? Dieser Gratwanderung kommt aus meiner Sicht eine große Bedeutung bei und wird deshalb in diesem Buch immer wieder thematisiert.

Auch hier wird die Verbindung zu deinen/euren Lebensträumen deutlich. Was ist dir extrem wichtig? Diese Frage wird immer wieder auftauchen und ich bitte dich, sie genau zu betrachten und dir deine Gedanken dazu in dein Journal zu schreiben.

Eines der – aus meiner Sicht – wichtigsten Ziele deiner guten Selbstfürsorge ist, dass du körperlich und psychisch gesund bleibst. Das hat zur Folge, dass du mit deinem äußeren und inneren Selbst zufrieden bist und damit erst die Voraussetzung gegeben ist, gut mit deinen Mitmenschen umzugehen. Die Zeit der Superheld:innen ist – bei allem, was sie für andere schaffen – vor allem von Selbstsabotage geprägt. Oder wie würdest du es bezeichnen, wenn du zu wenig schläfst, keine Bewegung hast und dir jegliche Anerkennung entzogen wird? Das liegt nur bedingt im Außen (Kind, Karriere, Hausbau). Vielmehr gestattest du es dir (noch) nicht, dir dein Umfeld so zu organisieren, dass diese Grundbedürfnisse zunehmend häufiger erfüllt werden.

Ich bin zutiefst davon überzeugt, dass ihr (du und dein:e Partner:in) intelligent genug seid, euer Privatleben so zu organisieren, dass hier Bewegung ins Spiel kommt. In deinem beruflichen Kontext löst du ganz andere Herausforderungen. Ich denke hier bspw. an Kinderbetreuung zuhause, Stundenreduzierung im Job, Verwandte einbeziehen, getrennte Schlafmöglichkeiten, Kosten reduzieren, öfter miteinander reden.

Ernährung für Hirn & Herz

Das Setting der Nahrungsaufnahme ist entscheidend. Du hast jetzt vielleicht mit einer Auflistung von Omega-3-Fettsäuren über komplexe Kohlenhydrate bis hin zum Verzicht auf Alkohol gerechnet? Kommt auch noch, aber ganz reduziert. Ich möchte deine Aufmerksamkeit vielmehr darauf richten, wie du dein

Essen zu dir nimmst. Auf die positive Atmosphäre kommt es mir dabei an.

Stell dir bitte euer Abendessen an einem Wochentag vor. Du, dein/e Partner:in und dein bzw. eure Kind:er sitzen am Tisch. Es gibt bspw. Brot, Salat, Käse, Tomaten, Gurken, Butter und Oliven. So, nun meine Fragen an dich. Welche Regeln müssen dabei eingehalten werden? Welche Maßregelungen fallen immer wieder? Wer schaut dabei aufs Handy? Wie sauber muss es während des Essens sein? Ergo: Welche Stimmung ist dabei vorherrschend?

Lass uns die Perspektive wechseln. Das Abendessen ist eine der seltenen Gelegenheiten, bei denen ihr als Paar und Familie ohne Zeitdruck zusammenkommt. Daher ist es aus meiner Sicht eine ideale Möglichkeit, daraus ein Fest der Begegnung – ganz im Sinne von Qualitätszeit – zu kreieren. Ich gebe an dieser Stelle noch andere Fragen der Orientierung mit in den Ring: Wieviel Spaß, Freude, Lachen darf dabei Platz haben? Ist es möglich, erst nach dem Abendessen aufzuräumen, den Tisch abzuwischen und unter dem Tisch zu fegen? Gibt es einen Spruch zum Start, der allen ein Grinsen aufs Gesicht zaubert und bei dem ihr euch an den Händen haltet? Was darf an Nahrungsmitteln auf dem Tisch stehen, die fast allen Beteiligten schmecken? Mit diesen Orientierungen versichere ich euch, dass es zu einem lebendigen Austausch aller kommen wird. Denn das ist das Wichtigste einer gemeinsamen Mahlzeit für Menschen im Quadranten der Held:innen: locker entspannt Verbundenheit genießen.

Ich war einmal im Urlaub, in einer Pension in den Alpen mit fünf Kindern und zwei Familien beim Abendessen: Ich saß meist bei den Kindern und habe verzweifelt versucht, dafür zu sorgen, dass es „gesittet" zugeht. Mit dem Ergebnis, dass ich irgendwann aufgab, rausging und völlig gestresst war. Erst als ich meine Glaubenssätze und Antreiber kannte, konnte ich Abstand von meiner bis dahin geltenden Regel nehmen, wie man sich beim Essen zu benehmen hätte. Ich bin heute noch traurig darüber, dass ich in dieser Zeit beim Essen kein angenehmer Zeitgenosse bzw. Vater für meine Kinder war. So kann die Beschäftigung mit der inneren Arbeit bei so vielen Alltagssituationen zu mehr entspannter Lebensfreude und Humor führen.

Als qualitative Orientierung zu Fragen der Ernährung scanne ich seit 40 Jahren so ziemlich alles, was es dazu Interessantes gibt. Das Ergebnis gleicht einer bunten Patchworkdecke, mit passenden Erklärungen und Ratschlägen. Seit 2018 kann ich diese Sammlung auf das Buch von Bas Kast „Der Ernährungskompass" reduzieren (Kast, Der Ernährungskompass, 2018). Er hat genau das getan, was lange überfällig war und von vielen in Teilen immer wieder versucht wurde, aber bisher zu keiner populärwissenschaftlich verständlichen Form geführt hatte. Daher kann ich nur jeder/jedem dieses Buch empfehlen. Das Kochbuch, in dem die Erkenntnisse des Ernährungskompasses noch mal übersichtlich zusammengefasst wurden, ist mittlerweile mein Standart-Tipp (Kast, Der Ernährungskompass – Das Kochbuch, 2019). Bas Kast hat sämtliche Studien qualitativ geprüft. Es fanden nur Studien und Metastudien Eingang in seine Empfehlungen, mit deren Ergebnissen folgende Ziele statistisch sauber nachgewiesen werden konnten:

* Altersleiden – wie bspw. Demenz und Darmkrebs – zeitlich nach hinten verschieben
* die Körperzusammensetzung positiv beeinflussen

- ✷ durch gezielte Ernährung den Alterungsprozess verlangsamen
- ✷ mit alten Mythen aufräumen

Folgende Orientierungspunkte fasse ich hier kurz für dich zusammen:

- ✷ echtes Essen: Gemüse, Hülsenfrüchte, Kräuter, Vollkornprodukte
- ✷ Pflanzen: Gemüse, Salat, Obst, Hülsenfrüchte
- ✷ Fisch: besser als Fleisch (Omega-3-Fettsäuren)
- ✷ fermentierte Milchprodukte: Joghurt, Quark, Käse
- ✷ Zucker reduzieren: in fast allen Fertiggerichten und Säften enthalten
- ✷ gute Fette: Raps-, Oliven-, Leinöl, Avocado, Nüsse
- ✷ Eiweiß sättigt: Fisch, Quark, Joghurt, Nüsse, Hülsenfrüchte, Brokkoli
- ✷ Omega-3: Bausubstanz fürs Gehirn
- ✷ kleines Fasten: nur zwischen 08:00 und 20:00 Uhr essen
- ✷ Vitamin-Substitution: D3 im Winter und B12 für Vegetarier und Veganer

Erholung

Lebewesen, egal ob pflanzlich oder tierisch, sind ein Wunder der Natur. Sie setzen ständig Energie um, versorgen dabei alle Zellbereiche mit Nährstoffen und Sauerstoff. Dabei werden gleichzeitig alle Stoffwechselprodukte, die nicht mehr benötigt werden, entsorgt. Eines der größten Wunder aus meiner Sicht sind die Reparaturprozesse, z. B. in unserem menschlichen Organismus. Ein internationaler Logistikkonzern (wie die Post) gleicht demgegenüber einem übersichtlichem Legobaukasten. Wir haben Appetit auf Nahrungsmittel, die wir gerade benötigen. Diese werden aus der Nahrung isoliert und genau an die richtige Stelle im Körper transportiert, wo sie zur Reparatur der entsprechenden Gewebe- und Zellstrukturen verwendet werden.

Als Konditionstrainer im Leistungssport habe ich gelernt, dass besonders die Qualität der Pausen, in Verbindung mit den Trainingsreizen, über die Qualität der Anpassung entscheiden. Der Tagesablauf eines Sportlers bzw. einer Sportlerin spielt sich in immer wiederkehrenden Schleifen von Belastung, Duschen, Essen und Ruhen ab. Diese Kombination lässt sich allgemein als Anpassungszyklus bezeichnen. Im Leben von uns Führungskräften, Eltern oder Freizeitsportlern verschiebt sich dieser Zyklus von der körperlichen zur körperlich-geistigen-emotionalen Erholung. Körperliche Reparaturprozesse sind dabei auch bei uns notwendig, nicht aber in dem Maße wie bei Sportlern. Bei uns gewinnen die Erholungsprozesse für das Gehirn zunehmend an Bedeutung. Das liegt an dem energieaufwendigen Prozess der Konzentrationsphasen.

Wenn wir uns auf einen einzigen Themenbereich konzentrieren wollen, benötigt das Gehirn viel Energie, um ein Problem zu bearbeiten und nicht ständig abzuschweifen. Diese Fokus-Leistung können wir etwa 20 Minuten aufrechterhalten. Danach brauchen wir eine kleine Abwechslung (z. B. Kaffee oder Wasser trinken, den Raum verlassen, mit jemandem sprechen, aus dem Fenster schauen). In dieser „Nicht-Fokus-Phase" – die auch als Zerstreuungsmodus bezeichnet wird – vernetzt sich das Gehirn mit anderen Erfahrungsbereichen und schafft Lösungsideen für den Bereich, den wir vorher bearbeitet haben. Du wirst dieses Phänomen von Ausdauer-Sportarten kennen. Während des Joggens bekommst du plötzlich Ideen, obwohl du nicht vorhattest, beim Sport Probleme zu lösen.

Führungskräfte, Lehrer:innen und Eltern möchte ich gerne an dieser Stelle beruhigen. Wenn ihr eure Mitarbeiter:innen, Schüler:innen oder Kinder erlebt, wie sie eine Pause machen, seid froh. Denn jetzt wird gerade vernetzt und die anschließende Fokuszeit wird noch effektiver. Der Versuch, Arbeitszeit zu kontrollieren, ist nicht vereinbar mit kreativer Leistung von uns Menschen, auch wenn es organisatorisch vielleicht interessant ist zu wissen, wie lange du heute im Büro oder am Schreibtisch warst.

Die Bedeutung von Tiefschlafphasen für die Regeneration des Gehirns ist deshalb so groß, weil nur in diesen Zeiten das Volumen des Gehirns leicht abnimmt und Stoffwechselabfallprodukte durch die etwas geweiteten Zwischenräumen im Gehirn abfließen können. Belastungsfolgen – bspw. von Arbeit, Konflikten oder Sorgen – verringern die Schlafqualität so gravierend, dass wir zunehmend unausgeglichener und empfindlicher reagieren. Wenn du nachts aufwachst und dein Gedankenkarussell startet, ist es höchste Zeit, grundlegend an deiner Zufriedenheit zu arbeiten, was wir in diesem Buch explizit tuen.

Zusammenfassend möchte ich betonen, dass die Qualität der Pausen den Erfolg von Konzentrationsphasen bestimmt (Pang, 2017). Als Anregung folgen sechs Tipps, welche dich über den Tag verteilt immer wieder zu einer kleinen Erholung führen:

Darf's auch etwas leichter sein?

- ✳ **Tagesstart:** In Ruhe, mit ausreichend Zeit für die Morgenroutine und einem kleinen Frühstück mit warmem Getränk, Energie für diesen Tag tanken.
- ✳ **Stoppen:** Immer, wenn eine Störung auftaucht, die aktuelle Handlung stoppen und den nächsten Schritt neu ordnen.
- ✳ **Kaffee/Tee:** Gedanken schweifen lassen und sich dem „Zerstreuungsmodus" hingeben. Wenn möglich, ohne Handy-Nutzung.
- ✳ **Jeden Gang nutzen:** jede Möglichkeit nutzen, Erledigungen zu Fuß zu absolvieren (Kollegen, Drucker, Briefkasten etc.). Bewegung und Licht versorgen auch das Gehirn besser mit Glukose und Sauerstoff.
- ✳ **Schleuse:** auf dem Heimweg einen schönen Ort der Ruhe aufsuchen, auf das zurückblicken, was dir heute gut gelungen ist, und gedanklich damit abschließen.
- ✳ **Hobby:** mit einem leidenschaftlichen Hobby den Kopf freibekommen. Wenn du bei der Familie bist, das Diensthandy ausschalten.

Der Schweizer Arzt und Psychotherapeut Dr. Wolf Büntig spricht von einer Grundproblematik, wenn er unsere heutige Lebensform analysiert (Büntig, 2014). Er beschreibt sie als eine Form von „normaler Depression", wenn wir uns den heutigen Sachzwängen ausliefern, oder bezeichnet uns sogar als „Überlebensroboter". Ich sehe dies ähnlich und möchte dich motivieren, deinen Blick zu heben. Gleichzeitig erahne ich dein Dilemma, indem du als junger Mensch mit Erziehungsaufgaben parallel zu deinem verantwortungsvollen Beruf steckst. Das Geschenk unseres Lebens würdigen wir in dieser Lebensphase zu wenig. Ja, du versorgst dein Kind. Das ist wichtig und beansprucht viel Zeit und Energie. Die Frage, die ich hier stellen möchte, lautet: „Was kannst du ändern, damit du – trotz der aktueller Lebensphase mit kleinen Kindern – eine Basis für Gesundheit und Zufriedenheit entwickeln kannst?" Allein, dass du es dir gestattest, diese Frage gemeinsam mit deinem/deiner Partner:in zu betrachten, ist schon ein Gewinn. Sie führt dich aus der Stressspirale heraus. Ich möchte betonen, dass dies einer Herkules- oder Amazonenaufgabe gleichkommt. Nicht nur dein:e Partner:in, sondern auch dein gesamtes Umfeld reagiert meist irritiert, wenn du dir bzw. ihr euch erlaubt, etwas Grundsätzliches infrage zu stellen. Wie gestalten wir unser Leben? Was brauchen wir dafür wirklich? Und dürfen wir das?

2.1.2 Emotionale Entlastung

In diesem Teil geht es um den entlastenden Umgang mit Gefühlen, besonders der schmerzhaften, wie Ärger, Angst, Trauer und Scham. Gefühle sind deutliche Rückmeldungen unseres Wahrnehmungssystems. Wer diese registriert, hat die Chance, sich selbst hilfreicher durch bewusste Entscheidungen zu steuern:

- **Funktion von Gefühlen.** Jedes der fünf Grundgefühle, die im folgenden Absatz aufgeführt und erklärt werden, hat eine spezielle Funktion. Wenn wir uns die Zeit nehmen, sie wahrzunehmen und zu nutzen, tragen sie zur besseren Selbstfürsorge bei.
- **Freude/Spiel.** Der Spaß, das Spiel und die Freude, z. B. sich einer Forschungsaufgabe hinzugeben, entspannen und erfüllen uns mit der Sicherheit, am richtigen Ort und mit den passenden Menschen zusammen zu sein.
- **Soziales Netz.** Es ist durchaus erlaubt, immer wieder mal kritisch für dich zu betrachten, mit welchen Menschen du dich umgibst und meist freiwillig Zeit verbringst. Wenn es kein eindeutiges Ja für sie gibt, empfehle ich dir, dort mal genauer hinzuschauen.

Funktion von Gefühlen

Ich finde es hilfreich bei der Klassifizierung von Gefühlen, von freudvollen und schmerzhaften, anstatt von positiven und negativen Gefühlen zu sprechen. Wie in Abbildung 8 zu sehen, erfüllen die fünf Grundgefühle alle eine wichtige Funktion. Sie entstehen, wenn etwas Wichtiges erfüllt wird oder umgekehrt zu kurz kommt. Ich stelle mir dabei gerne vor, dass alle fünf Grundgefühle, Freude, Ärger, Angst, Trauer und Scham, ständig von unserem Wertesystem überprüft und ans Bewusstsein gesendet werden und somit auf Bedürfnisse hinweisen, die erfüllt werden oder zu kurz kommen. Sie unterstützen uns also tat-

Privater Bereich

kräftig dabei, aktuelle Situationen, Menschen und eventuelle Gefahren gut einschätzen zu können.

Ich orientiere mich bei den Grundgefühlen an der Zusammenstellung von Vivian Dittmar. Ihr Taschenbuch ‚Gefühle & Emotionen – Eine Gebrauchsanweisung' möchte ich jeder/jedem von euch ans Herz legen (Dittmar, 2014). Es ermöglicht ein Grundverständnis von unserem Denken, Fühlen und Handeln. Ich schätze ihre kreativen Analogien und die Fähigkeit, komplexe Zusammenhänge verständlich darzustellen.

Abbildung 8: Funktion von Gefühlen

Darf's auch etwas leichter sein?

Um Gefühle als bewusste Rückmeldungen des Organismus wahrzunehmen und zu erkennen, ist es hilfreich, wenn deine Geschwindigkeit, mit der du bspw. deine Arbeit erledigst, nicht zu hoch ist. Schnelligkeit verhindert allzu oft das Fühlen. Diesen individuellen „eigenen Takt", in dem du dich selbst wahrnehmen kannst, gilt es zu erforschen bzw. herauszubekommen. Sonst kann es passieren, dass diese wertvollen Informationen nicht verarbeitet werden und somit verpuffen. Du kennst sicherlich solche Tage, an denen du erst auf dem Heimweg merkst, dass du über einige (Schmerz-)Grenzen gegangen bist.

Da es in deiner Lebensphase – mit Karriere, Kind und großem Finanzbudget – so viele unterschiedliche Bedürfnisse mehrerer Menschen zu erfüllen gilt, kommt dies fast einem Blindflug für die Wahrnehmung deiner eigenen Bedürfnisse gleich. Du tust zwar viel, realisierst aber erst hinterher, dass du keine tragfähigen Entscheidungen getroffen hast. Diese Stressphase wird auch als „Autopilot" oder „gelerntes Handeln im Stress" bezeichnet. Du verfällst automatisch in die Erfolgsstrategien, die dir als Kind das „Überleben" oder das „Angenommen-werden" gesichert haben.

Gefühle wahrzunehmen und zu hinterfragen und daraufhin eine bewusste Entscheidung zu treffen und als Handlung zu vollziehen, gehört zu den effektivsten Erfolgsfaktoren heutigen Lebens. Wenn es sich um schmerzhafte Gefühle handelt, ist dies erst einmal anstrengend und unangenehm. Daher ist es nachvollziehbar oder menschlich, dass wir diese Gefühle lieber verdrängen. Gleichzeitig braucht es z. B. die Ärger-Energie, um zu überprüfen, was geändert werden kann.

Freude & Spiel

Die Hingabe und das Loslassen, nichts zu müssen, sind weitere Erfolgsfaktoren. Für dich als Führungskraft oder/und Elternteil gibt es immer etwas zu tun. Mehr noch, du musst ständig zwischen verschiedenen To-dos entscheiden. Das ist der Grund für dein Getrieben sein. Jetzt mal das Handy auszuschalten und mit den Kindern Mensch-ärgere-dich-nicht zu spielen, ist tatsächlich eine große Herausforderung. Doch das Gehirn kann nur Singletasking. Aus meiner Sicht brauchen wir daher im Alltag immer wieder Stopps, um Entscheidungen bewusst fällen zu können. Daraus kann dann z. B. Hingabe entstehen: Jetzt spiele ich und bin mit meinen Gedanken und meinem Herzen voll dabei.

Die Freude entsteht immer direkt, wenn du mit dem angefangen hast, was dir Freude bereitet wie zum Beispiel mit einem Spiel. Jede:r, der/dem du dich widmest, hat es verdient, dass du ihr/ihm deine volle Aufmerksamkeit schenkst. Sorgen und Ärger nehmen dadurch ab und du kannst auftanken, denn beides, Freude und Ärger, geht nicht gleichzeitig. Alle Aufgaben und Menschen in deinem Umfeld werden von deiner Entspanntheit profitieren. Die aufgewendete Zeit scheint erst einmal zu fehlen, aber nur in deinen sorgenvollen Gedanken. Denn du lebst jetzt und nicht in zehn Jahren, wenn irgendetwas fertig, geschafft oder abbezahlt ist. Deine Aufgabe hier auf diesem Planeten besteht aus meiner Sicht darin, deinen Beitrag zu leisten. Diesen Beitrag kannst du am intensivsten einbringen, wenn du entspannt unterwegs bist. Und dazu braucht es Pausen, Freude und Spielzeiten. Ich wiederhole es gerne: Freudvoll wirksam sein hält dich gesund und ist als deutlich höhere Lebensqualität spürbar.

Darf's auch etwas leichter sein?

Vorteile:

* dein Kopf wird frei
* der Spaß gibt dir Energie
* das Spiel entspannt
* Verbindung entsteht
* Probleme relativieren sich
* du fühlst dich lebendig

Nachteile:

* dafür brauchen wir Zeit
* To-dos werden nicht weniger
* hinterher muss aufgeräumt werden

Soziales Netz

Mit welcher Energie umgibst du dich? Das ist nun die Frage. Ich erlebe es immer wieder in Workshops oder im Coaching, dass eine genauere Betrachtung deiner sozialen Kontakte (s. Abbildung 9) auf Widerstand stößt. Ich kann diese Scheu gut verstehen, weil wir unsere privaten Beziehungen als ureigene Privatangelegenheit betrachten. Dem möchte ich an dieser Stelle mit einer Frage begegnen. Warum sollten wir uns nicht lieber mit Menschen umgeben, die Wohlwollen schenken und Freude sowie Unterstützung aussenden?

Mit dem folgenden Arbeitsblatt (s. Abbildung 9) möchte ich dich einladen, dein soziales Netz unter die Lupe zu nehmen. Überprüfe einmal kritisch, wer dir Energie schenkt und wer sie dir eher raubt. Nimm dafür eine Metaebene ein. So näherst du dich deiner Realität, die du sonst als gesetzt betrachtest. Wie so oft geht es hier um bewusste Wahrnehmung und konkrete Maßnahmen, um dein Leben für dich passend zu gestalten.

Deine Arbeit mit diesem Buch. Für diese Aufgabe brauchst du Ruhe und einen geschützten Raum, ca. fünf leere Seiten (es wird wahrscheinlich Varianten geben, die immer passender werden) und 60-90 Minuten Zeit. Ich würde das Handy in dieser Zeit stumm schalten. Folge bei der Bearbeitung der drei Schritte deinen ersten Impulsen und notiere diese. Wenn du mit Bleistift und Radierer arbeitest, kannst du jederzeit Korrekturen vornehmen. Und – ganz wichtig – du bist kein:e fürchterliche:r Egoist:in, wenn du dir die unten aufgeführten Fragen stellst.

Der QR-Code führt dich direkt zu allen Mini-Postern, Arbeitsblättern und Tests.

Darf's auch etwas leichter sein?

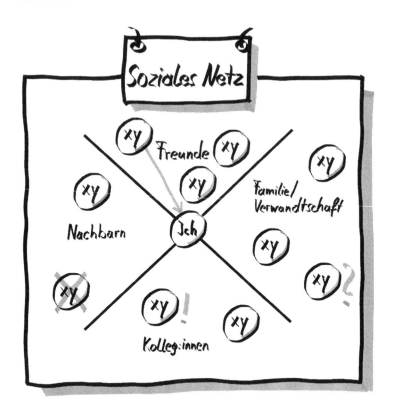

Abbildung 9: Soziales Netz (Kaluza, 2007)

Anleitung zur Überprüfung von deinem sozialen Netz

Schritt 1: Leeres Blatt

ICH in die Mitte schreiben; Lebensbereiche aufteilen (z. B. Familie/Verwandtschaft, Arbeitskolleg:innen, Freunde, Nachbarn)

Schritt 2: Personen benennen

Notiere die Namen der Menschen in den einzelnen Lebensbereichen und umkreise sie. Dabei spiegelt die Entfernung zu dir die Intensität eurer Beziehung wider.

Schritt 3: In Ruhe folgende Fragen beantworten:

- Welche Beziehungen sind besonders positiv? Markiere diese mit einem Ausrufezeichen.
- In welchen Beziehungen gibt es Ungeklärtes oder Offenes? Markiere diese mit einem Fragezeichen.
- Welche Kontakte möchtest du reduzieren oder gar aufgeben? Streiche diese Kreise durch.
- Welche Kontakte möchtest du auffrischen? Verbinde diese Personen mit deinem ICH mit einem Pfeil.

Erst wenn du zu konkreten Vorsätzen gekommen bist, einige Nächte darüber geschlafen hast und dich eventuell mit deine:r Partner:in ausgetauscht hast, ist es an der Zeit, voranzuschreiten und in einer für dich passenden Richtung aktiv zu werden. Diese Aufgabe mutet, zugegebenermaßen, drastisch an. Ich möchte dich damit motivieren, weniger Zeit mit Menschen zu verbringen, die dir eher Energie rauben als spenden. Ich erlebe es im Coaching immer wieder, wie sich die Coachees durch diese Betrachtung ihrer Situation erst bewusstwerden. Trau dich, gezielter für dich zu sorgen. Ein Beispiel: Du befindest dich im Büro an deinem Arbeitsplatz. Ein Kollege kommt vorbei und beginnt, dir sein Leid zu klagen. Gleichzeitig möchtest du an deinem Text weiterarbeiten. Halte kurz inne, nimm dich mit deinem Bedürfnis wahr und entscheide, ob du dich dem Kollegen jetzt widmest oder ihn bittest, später wiederzukommen. Du bist gefordert, tragfähige Entscheidungen zu treffen, die dich im Gleichgewicht halten. Das nimmt dir niemand ab. Klar, kannst du warten, bis sich dein Umfeld wünschenswert verhält. Doch ich verspreche dir etwas: Da kannst du lange warten und dich insgeheim immer wieder ärgern.

2.1.3 Gedankliche Distanzierung

Gib deinem Gehirn viele kleine Pausen, um dir immer wieder bewusst zu machen, was du heute alles schon gestaltet und geleistet hast. Nutze in diesem Kontext die Pausen dafür, deine Gedanken zu beobachten. Es kommt darauf an, wie bewusst du dich selbst, deine Gedanken und deinen aktuellen Zustand wahrnehmen kannst. Emotionale Entlastung und gedankliche Distanzierung sind ganz eng miteinander verbunden. Aus deinen Bewertungen entstehen meist intensive Gefühle. Dein Geist – sprich deine Fähigkeit, dich selbst kritisch zu hinterfragen – bringt dich immer wieder ans Steuer deines Lebens zurück. Aus dieser Haltung heraus kannst du bewusst wählen, wie es dir gehen soll und worauf du deine Aufmerksamkeit lenken möchtest.

Als Führungskraft wirst du, im Vergleich zu deinen Mitarbeitenden, deutlich häufiger beansprucht. Du bist in höherem Umfang Gefühlen und Bedürfnissen deiner Mitarbeiter:innen ausgesetzt, weil sie damit zu dir kommen. Das bedeutet, dass du öfter als andere in deiner Tätigkeit und deinen Gedanken unterbrochen wirst. Wenn du dabei immer wieder innehältst, kannst du deine Reaktionen passender gestalten.

Die folgenden drei Techniken zur gedanklichen Distanzierung möchte ich dir nahelegen. Anschließend beschreibe ich sie etwas ausführlicher:

- **Meditation.** Die einfachste Form der Meditation ist die Atembeobachtung, während du auf einem Stuhl sitzt. Alternativ kannst du auch andere Entspannungsmethoden deiner Wahl nutzen (progressive Muskelrelaxation, autogenes Training etc.).
- **Singletasking.** Versuche, dich auf eine Tätigkeit zu konzentrieren. Bei jeder Störung stoppst du, hörst deinen Gedanken (oder Mitmenschen) zu und startest wieder neu.
- **Gelassenheit.** Gelassenheit übst du, indem du versuchst, deine Aktionsgeschwindigkeit so zu wählen, dass du dich selbst immer noch mitbekommst.

Meditation

Die Atembeobachtung im Sitzen kann jede:r sofort ausprobieren. Ich hatte selbst den Glaubenssatz „Das ist nichts für mich". Bis mein Stresslevel vor fünf Jahren so gewachsen war, dass ich nach weiteren Hilfen Ausschau hielt. Ich lud mir die Calm-App aufs Handy, machte mir morgens einen Kaffee, setzte mich mit Kopfhörern aufrecht ins Bett und lauschte der Sprecherin. Die Wirkung war schon nach einer Woche erstaunlich. Ich hatte das Gefühl, stärker geerdet durch den Tag zu gehen, war etwas ruhiger und zuversichtlicher. Seit dieser Zeit schaffe ich es durchschnittlich an fünf Tagen pro Woche, mit einer 10-minütigen Atembeobachtung in den Tag zu starten.

Bei der Atembeobachtung geht es um die Selbstwahrnehmung deiner körperlichen Prozesse beim Ein- und Ausatmen. Dabei sind eine ganze Reihe von Bewegungen (Oberkörper, Bauchraum, Zwerchfell, Nase, Schultergürtel und einige mehr) zu spüren. Genau das ist die Technik der meisten Entspannungsformen. Du bekommst eine leichte Aufgabe, bspw. deinen Oberkörper beim Atmen zu spüren. Dein Gehirn ist nun mit dieser Aufgabe beschäftigt und kann nicht gleichzeitig an andere Aufgaben bzw. Probleme denken. Wenige Minuten in diesem Zustand reichen schon aus, um dich zu entspannen.

Wenn sich trotzdem Gedanken einstellen, lenkst du deine Wahrnehmung wieder auf deine Atemvorgänge. Du wirst beobachten können, dass die Gedanken in den Hintergrund wandern. Diesen wellenförmigen Prozess (Gedanken sind bei der Atmung vs. Gedanken sind bei irgendwelchen To-dos) mitzubekommen, müssen wir immer wieder üben. Auch erfahrene Meditierende müssen ihre Wahrnehmung immer wieder auf ihre Atmung lenken. Was ich mir im Vorfeld nicht vorstellen konnte, war, dass diese 7-10 Minuten täglichen Sitzens eine Wirkung erzielen sollten. Ich kann dir versprechen, sie tun es. Lass dich überraschen.

> Dein Nutzen wird sein,
> * deine Amygdala (der Bereich im Gehirn, der uns hormongesteuert in den Kampfmodus versetzt) schrumpft
> * deine Zuversicht steigt
> * feindselige Gedanken nehmen ab
> * deine Anspannung sinkt

Investition:

* 10 Minuten früher aufstehen
* passenden Ort suchen
* passende App finden oder einfach einen Timer stellen
* Erläuterungen für dein Umfeld (was und warum tue ich das)

Singletasking

Traue dich, eins nach dem anderen zu tun. Ich weiß, es hört sich leicht abgefahren bzw. erleuchtet an, wenn du diesen Satz liest. Meine Empfehlung fällt auch nicht so streng aus. Na klar, auch ich lasse mich immer wieder von kleinen Störungen ablenken. Ich habe es aber mit der Zeit gelernt, mich dann sofort zu fragen: Ist es jetzt hilfreich? Geht das auch später? Welches Bedürfnis erfülle ich mir damit?

Darf's auch etwas leichter sein?

Wie ich weiter oben schon beschrieben habe, kostet Fokus (sich auf einen Bereich der Gedanken zu beschränken) Willensenergie. Das passiert nicht von allein. Es ist eine bewusste Tätigkeit. Sich zwischendrin von anderen Gedanken, Menschen oder Tätigkeiten ablenken zu lassen bedeutet, in den Zerstreuungsmodus zu wechseln und diesem Fluss zu folgen. Das kostet zwar keine Energie und ist nicht so produktiv, aber eben auch nicht unproduktiv. Erst die erneute Fokussierung auf eine Aufgabe benötigt wieder „Anstrengung". Eine kleine Einschränkung gibt es dabei: das Handy. Du wirst es kennen. Du wolltest nur kurz schauen, wie heute das Wetter wird. Doch ein paar Zahlen in roten Kreisen an deinen Social-Media-Apps ermuntern dich, auch dort vorbeizuschauen. Vielleicht kommt ein kurzes Tutorial auf YouTube dazu? Und Schwups, sind 20 Minuten vergangen. War das nun Entspannung, kreative Arbeit oder etwas anderes? Es war Ablenkung mit Unterhaltungscharakter. Sie fordert mittlerweile unglaublich viel Zeit. Du brauchst dir nur anzuschauen, wie viel Zeit du täglich mit deinem Handy verbringst. Da wird dir angst und bange.

Ich kann dir nur empfehlen, morgens nicht schon im Bett aufs Handy zu schauen, es nicht mit auf die Toilette zu nehmen und es einige Male am Tag stumm zu schalten. Das sind aktuell meine effektivsten Empfehlungen, mal in einen Singlemodus zu kommen und eine Weile dort zu bleiben.

Und hier kommen noch drei wirkungsvolle Beispiele für deine volle Aufmerksamkeit.

Beispiel 1: Formulierung von Texten. In dieser Zeit wäre es sehr hilfreich, den akustischen Alarm deines Mailprogramms stumm zu schalten. Du kannst bspw. alle 20 Minuten selbstständig in die Mails schauen, um dich zu vergewissern, ob es etwas Dringendes und gleichzeitig Wichtiges gibt.

Beispiel 2: Gespräche mit Mitarbeiter:innen. Du ahnst es schon. Genau! In dieser Zeit gehst du bitte nicht ans Telefon. Dein Gesprächspartner wird sonst die Verbindung zu dir verlieren. Das ist ein bisschen so, als würde sich jemand zwischen dich und deinen Gesprächspartner drängeln.

Beispiel 3: Laub fegen. Kennst du Beppo den Straßenkehrer aus dem Buch Momo von Michael Ende? Gerade bei „ungeliebten" Arbeiten bzw. Tätigkeiten hilft diese Strategie der kleinen Schritte ungemein. Auch Sportler nutzen diese Visionierung, sich nur auf den nächsten Schritt, Schlag oder Schwung zu konzentrieren, um im Moment das Beste zu geben. Gleichzeitig mindert es die Sorgen vor Fehlern.

Gelassenheit

Nein, dazu muss man nicht geboren sein. Das kann jede:r lernen. Wir sind zwar alle mit unterschiedlichen Temperamenten ausgestattet. Das bedeutet aber nicht, dass wir ihnen komplett ausgeliefert sind. Du darfst dich selbst erst einmal besser kennenlernen. Denn Gelassenheit hat viel damit zu tun, aus dem Autopiloten auszusteigen, den du dir vor allem in deiner Kindheit angeeignet hast.

Viele kleine Schritte führen zu einem entspannteren Umgang mit Herausforderungen oder gar Belastungen. Innehalten und Wahrnehmen, was gerade passiert, ist der große Schlüssel zu mehr Gelassenheit, weil du dadurch deine eigenen Bewertungen immer wieder hinterfragen kannst. Beispiel: „Ist es so, wie ich denke?" Oder: „Ist es wirklich so?" In der folgenden Abbildung 10 findest du weitere hilfreiche Faktoren, die positiv auf deine Gelassenheit wirken.

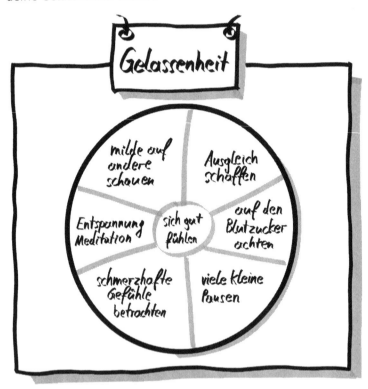

Abbildung 10: Einflussfaktoren auf deine Gelassenheit

Ein ruhiger Geist – also entspannte Gedanken – stellt sich durch regelmäßiges Entspannungstraining oder Meditation ein. Der sog. Mandelkern (Amygdala) im Gehirn produziert dann weniger Stresshormone. Tatsächlich verkleinert sich dieses Gehirnareal durch regelmäßiges Training. Das sind gute Erfolgsaussichten bei geringem Zeitaufwand.

Jeder (Arbeits-)Tag, an dem du erst auf dem Heimweg realisierst, wie es dir geht, ist ein verlorener Tag. Du bekommst zu wenig von dir selbst mit und agierst nicht bewusst. Wir überlassen solche Tage unserem Autopiloten. „Vermutlich 99 Prozent unserer Handlungen werden durch dieses Programm gesteuert, ... Meistens ist es hilfreich für uns, denn es spart uns viel Energie und Aufmerksamkeit. Doch es gibt auch Situationen im Leben, in denen es besser wäre, wenn wir unseren Autopiloten auch mal ausschalten könnten" (Knuf, 2013). Der Sinn, Entscheidungen ökonomisch zu treffen, ist nicht von der Hand zu weisen. Gleichzeitig ist es erfüllender, sich selbst auch im Arbeitsmodus mitzubekommen. Denn das Leben findet nur im Jetzt statt.

Es ist ein Überlebensmechanismus, dass wir in Stresssituationen eben nicht bewusst, sondern aus unseren angelernten Mustern heraus reagieren. Dieses Phänomen betrachten wir im folgenden Kapitel bei den Antreibern und im Umgang mit Stress genauer. Dieses schnelle Reagieren hatte vor allem in Kampf- und Fluchtsituationen der Steinzeit seinen Sinn, nicht aber heute, wo die größte Gefahr scheinbar von der Meinung der anderen ausgeht.

2.2 Blick in den Spiegel: Lerne dich selbst kennen

Jetzt wird es spannend. Warum? Weil du nun an der Schwelle stehst, dich selbst besser kennenzulernen. Du wirst höchstwahrscheinlich immer wieder in Situationen kommen, in denen du die Welt bzw. andere Menschen einfach nicht verstehst. Wenn wir uns selbst und andere Menschen durch unsere Brille betrachten, erscheint es so, als wüssten wir, was gut, gerecht und okay ist. Eine unserer Aufgaben ist es, uns selbst zu erforschen und der Frage nachzugehen, warum wir bestimmten Werten folgen. Denn wenn wir das Verhalten oder die Meinungen nicht einordnen oder annehmen können, sind wir schnell dabei, dass wir die andere Meinung (und vielleicht sogar den ganzen Menschen) abwerten. Wer sich aber dieser Arbeit stellt, beginnt immer mehr, sein eigenes Verhalten zu verstehen und – was besonders wichtig ist – vergrößert seine Handlungsoptionen.

Jetzt ist es hilfreich, wenn du dir einen ungestörten Platz suchst, an dem du für ca. eine Stunde in dieses Kapitel eintauchen kannst. Dein Journal, ein paar Stifte und der sog. Antreibertest unterstützen dich bei deiner Selbsterforschung. Ich möchte an dieser Stelle voranstellen, dass du okay bist, egal welche sog. Antreiber du später zu Tage fördern wirst. Sie sind kein Fehler, sondern Orientierungen für gewünschtes Verhalten, das deinen Eltern wichtig war. Die Antreiber sind dir durch deine Familie mitgegeben worden. Du hattest darauf keinen Einfluss. Es gibt Entwicklungsrichtungen (s. Abbildung 11), mit Hilfe derer du deine individuelle Prägung abmildern kannst. Dir wird damit immer öfter der bewusste Ausstieg aus dem Autopiloten gelingen, weil du tragfähige Entscheidungen treffen wirst. Ergebnisse des später folgenden Antreibertests sind Erlauber, die wir den Antreibern entgegensetzen können.

Drei Unterthemen erleichtern dir den Zugang zu dir selbst. Diese drei Bereiche greifen ineinander und bedingen sich gegenseitig. Aus meiner Sicht als Coach und Trainer ermöglicht dir dieses Kapitel außerdem Erkenntnisse, mit deren Hilfe du die „Funktionsweise" von Menschen besser verstehen lernst:

- **Individuelle Prägungsbrille.** Stell dir vor, du würdest eine Brille mit einem bestimmten Farb- und Schärfemuster tragen. Da du diese Brille ständig trägst, merkst du gar nicht, dass du die Welt durch einen Filter betrachtest. Doch auch die anderen tragen Brillen. Jedem von uns wurde ein anderer Filter eingesetzt. So sieht jede/r die Welt auf ihre/seine eigene Art. Du kannst nun – bildlich gesprochen – deine Brille immer mal abnehmen, deren Eigenschaften untersuchen und deine Sichtweisen dadurch relativieren.

- **Stress verstehen.** Im Stress, also wenn etwas für dich Wichtiges zu kurz kommt, wird unser Blickwinkel enger und unser Verhalten automatischer (weniger bewusst). Wir reagieren und funktionieren, als ob wir keine Wahl mehr hätten. Das ist mit ein Grund dafür, warum die Schulung der Selbstwahrnehmung so hilfreich ist, vor allem für Situationen, in denen du im Stresstunnel bist. Die gute Nachricht: Wenn du deine Verhaltensmuster erkannt hast, kannst du sie verändern.

* **Wertschätzende Selbstkommunikation.** Dies ist der Einstieg in die bedürfnisorientierte Form der Sprache, Unterhaltung und Ausdrucksweise. Über die neutrale Beschreibung einer Begebenheit und das Ausdrücken deiner Gefühle lernst du deine Bedürfnisse besser kennen. Dies findet erst mal nur in deinen Gedanken – oder beim Schreiben auf dem Papier – statt. Die Grundzüge der gewaltfreien Kommunikation unterstützen dich dabei, dich selbst mit deinen Gefühlen und Bedürfnissen zu verstehen und zu achten.

Im Folgenden tauchen wir in diese drei Unterthemen ein. Nimm dir jedes dieser Themen einzeln vor und lass sie nachwirken. Vielleicht schaffst du es auch, dich anschließend mit einem Menschen darüber auszutauschen, die/der dich gut kennt?

Ich gebe zu, dass mich die Bearbeitung dieser drei Schwerpunkte selbst intensiv gefordert hat und ich sie erst mit Anfang Vierzig begonnen habe. Mein Selbstbild ist bei allen drei Themen (Prägung, Verhalten im Stress, Denken & Sprechen) arg ins Wanken geraten bzw. hat sich deutlich geweitet. Ich konnte regelrecht spüren, wie sich feste Verbindungen zwischen Synapsen trennten und neu ordneten. Davon spricht auch die Trauma-Forschung, wenn Auslöser nicht mehr zu der bisher gewohnten Reaktion führen müssen. Den erlernten „Einbahnstraßen" unserer Vergangenheit können neue Verhaltensoptionen zur Seite gestellt werden. Auch dein Umfeld wird wahrnehmen, dass du gewohnte Verhaltensweisen verlässt und entspannter mit Stresssituationen umgehst. Mir gefällt in diesem Zusammenhang das Bild „die Sterne neu ordnen" von Heath Ledger im Film: Ritter aus Leidenschaft (Helgeland, 2001). Schmerzhafte Situationen der Trauer enthalten parallel in einem kleinen Winkel unseres Bewusstseins den Glauben, dass es besser oder passender werden kann, wenn wir es wagen, uns unseren Mustern zu stellen.

2.2.1 Individuelle Prägungsbrille

Die wichtigste Rolle in unserer Entwicklung spielen unsere Eltern. Lass uns davon ausgehen, dass sie ihr Bestes gegeben haben. Dabei haben sie die Werte an uns weitergegeben, die ihnen wichtig waren und die ihnen beigebracht wurden. Bis zur Pubertät haben wir unser Verhalten in der Regel konkret nach deren Vorgaben ausgerichtet. Das taten wir, um sicher zu sein und angenommen zu werden, denn als Säuglinge und auch als Heranwachsende waren wir von den Erwachsenen, denen wir anvertraut waren, abhängig. In drei zentralen Bereichen möchte ich dich bei der Aufdeckung deiner Prägungsmuster unterstützen, denn heute als Erwachsene:r kannst du eigenständig nach deinen Werten handeln. Antreiber zu identifizieren, an den eigenen Glaubenssätzen zu arbeiten und sich selbstkritisch zu hinterfragen sind aus meiner Sicht die zentralen Erfolgsfaktoren für mehr Gelassenheit. Daher werde ich im Folgenden auf diese drei Themen genauer eingehen:

✳ **Glaubenssätze.** Sie entstehen meist aus einer Mischung der Elternbotschaften und deiner eigenen Wahrheiten, die in deiner Entwicklungsgeschichte begründet sind.

Darf's auch etwas leichter sein?

- ✳ **Antreiber.** Fünf Hauptprägungsmuster möchte ich dir vorstellen und dich einladen zu überprüfen, welche bei dir am stärksten wirken.
- ✳ **Entwicklungsarbeit.** Ändere dich selbst, dann änderst sich auch dein Umfeld.

Glaubenssätze

In unserem Unterbewusstsein konnten sich feste Denk- und Verhaltensmuster verankern, die durch all unsere Erfahrungen in vielfältigen Situationen entstanden sind. Man spricht dann von Glaubenssätzen, wenn sie uns unbewusst beeinflussen und unser tägliches Handeln steuern. Sie sind vor allem durch Erfahrungen in Verbindung mit unseren Eltern geprägt worden. Gleichzeitig unterstützen uns Erfahrungen und deren Bewertungen bei der Einschätzung neuer Situationen. Wir können dadurch schneller reagieren. Diese Muster gilt es, immer wieder kritisch zu hinterfragen („Ist es wirklich so, wie ich denke?").

In meinem Fall war es als Erwachsener sehr hilfreich zu überprüfen, ob ich tatsächlich in Gefahr war, wenn jemand mit lauter Stimme mit mir diskutierte. Dieser Glaubenssatz formte sich in mir, weil mein Vater oft, wenn er mich ausschimpfte, mit der Hand nachgeholfen hatte. Diese Schmerzen haben dazu geführt, dass ich immer dann, wenn er laut wurde, versuchte zu fliehen. Ohne die bewusste Aufdeckung dieser kindlichen Erfahrung würde ich heute noch versuchen zu gehen, sobald irgendjemand lauter werden würde. Und, nein, das tue ich nicht mehr, denn ich bin nun groß und stark geworden. Mein Erwachsenen-Ich[3] hat das realisiert und diesen Glaubenssatz ablegen können. Okay, ich gebe zu, dass dieses Beispiel eines der heftigeren Art darstellt. Doch wenn du beginnst, dich und deine Reaktionen in Verbindung mit deinen Glaubenssätzen zu hinterfragen, werden dir sicher auch viele Annahmen begegnen, die heute so keine Gültigkeit mehr haben. Auf den folgenden Seiten beschreibe ich, wie du deinen Antreibern und Glaubenssätzen auf die Spur kommen kannst.

Ich möchte noch hinzufügen, dass es nicht nur hinderliche, sondern auch hilfreiche Glaubenssätze gibt, die dich bei der Bearbeitung von Aufgaben, Projekten oder scheinbar endlosen To-dos unterstützen. Ich denke da bspw. an Sätze wie:

* „Es wird alles gut."
* „Ich werde geliebt."
* „Ich bekomme es passend."
* „Ich bin es wert."

Deine Arbeit mit diesem Buch. Nimm dir bitte dein Journal zur Hand und notiere dir deine Wahrheiten. Versuche dabei, ins Fließen zu kommen, also schreib einfach direkt auf, was dir in den Sinn kommt. Wenn da erst mal nichts mehr kommt, kannst du daran gehen, dir diese Sätze einzeln anzuschauen. Überprüfe sie mit der Frage: „Ist es wirklich so, wie ich denke?"

---

[3] Erwachsenen-Ich ist ein Begriff aus der Transaktionsanalyse: Unser Erwachsenen-Ich ist reif und kann Situationen weitestgehend sachlich und objektiv sehen. Die Ausdrucksform des Erwachsenen-Ichs ist logisch und angemessen. Es ermöglicht eine realitätsgerechte Reaktion auf das Hier und Jetzt. Kommunizieren wir in unserem Erwachsenen-Ich-Zustand, dann behandeln wir unser Gegenüber gleichwertig und respektvoll und verhalten uns sachlich-konstruktiv.

Dies ist eine typische Aufgabe, sich zu hinterfragen. Was so viel bedeutet, wie ein kleines Update von Annahmen zu bewirken. Natürlich dürfen Annahmen auch weiter Bestand haben, wenn du sie überprüft hast.

Antreiberarbeit und Test

Unsere Eltern haben sich darum bemüht, dass wir die notwendigen Fähigkeiten, Verhaltensweisen und Regeln lernen, um als Kind, Jugendliche und Erwachsene allein in der Welt zurechtzukommen. Im Lehrprozess – der Erziehung – haben sie an ihr Feedback Ermunterung, Wertschätzung oder Bestrafung gekoppelt. Die Zeit bis zur Pubertät, also ca. 12 Jahre lang, konnten diese Handlungsverstärker in uns wirken.

Als Kind befinden wir uns in einer existenziellen Abhängigkeit von unseren Eltern oder Erziehungsberechtigten. Sie versorgen, ernähren, kleiden, beschützen und lieben uns. Es ist demnach nicht verwunderlich, wenn Kinder die Regeln und Orientierungen ihrer Eltern befolgen. Für sie ist es höchst sinnvoll, sich Strategien anzueignen, mit denen sie ihre Eltern zufrieden stimmen, denn dann sind sie sicher und fühlen sich angenommen. Das Wort Prägungsmuster beschreibt diesen Zusammenhang gut. Die Erziehung unserer Eltern hat bei uns in der Kindheit wie ein Brandzeichen gewirkt, sowohl im Positiven als auch im Negativen.

Es hört sich vielleicht übertrieben an, aber du hast einen großartigen Job geleistet, indem du alles dafür getan hast, im Land der Riesen (deiner Eltern) ernährt zu werden, Kleidung und Unterkunft zu bekommen und Liebe und Anerkennung für deine Entwicklung zu empfangen.

Als Erwachsener gibt es diese Abhängigkeiten nicht mehr. In entspannten Settings wirst du von deinen antrainierten Mustern eher wenig mitbekommen. Anders sieht das im Stresstunnel aus. Da fallen wir immer wieder ins kindliche Stressmuster, das uns als Kind geschützt hat, zurück. Die Entwicklungschance besteht nun darin, sich selbst so gut kennenzulernen und wahrzunehmen, damit du dich immer wieder neu entscheiden, sprechen oder handeln kannst.

Im Folgenden betrachten wir die besonderen Potenziale, Hindernisse und Entwicklungsrichtungen unserer fünf Hauptantreiber (nach Kälin & Müri, 2000). Es geht dabei darum, die Fähigkeiten zu identifizieren, die bei dir besonders stark ausgeprägt sind und somit aus deinem Potenzial einen Stressverstärker werden lassen. Dazu ein kurzes Beispiel. Wenn du genau arbeiten kannst, ist das sowohl für den Arbeitsprozess als auch für das Ergebnis hilfreich. Wenn du einen Einkaufszettel komplett neu schreiben „musst", weil du dich bei einem Wort verschrieben hast, verstärkt diese Übertreibung der Fähigkeit Genauigkeit deinen Stress.

Als Vorbereitung betrachte die folgende Tabelle, die mit Beispielen gefüllt ist. Vielleicht fallen dir Attribute ein, die ebenfalls passen würden?

Darf's auch etwas leichter sein?

Innere Steuerungsmuster unter Stress

Antreiber	Potenziale	Hindernisse	Entwicklung
sei perfekt	Genauigkeit	Angst vor Fehlern	Fehlertoleranz
sei nett	Empathie	Selbstverleugnung	Nein sagen
sei stark	Selbstständigkeit	Einzelkämpfer	Hilfe suchen
streng dich an	Zutrauen	Selbstüberforderung	Verantwortung abgeben
sei schnell	Einsatz	Getrieben sein	Genuss

Abbildung 11: Übersicht der Antreiber mit Potenzial, Hindernis und Entwicklungsrichtung

Bei der Betrachtung der Übersichtstabelle (Abbildung 11) bekommst du bestimmt schon eine Ahnung von deinen eigenen Antreibern. Diese kannst du mit Hilfe des Antreibertests überprüfen. Würden wir unsere Gefühle ständig wahrnehmen und reflektieren und daraufhin unsere Grundannahmen überprüfen, aus denen heraus wir handeln, bräuchten wir diese Forschungsarbeit an uns selbst nicht. Es würde uns auffallen, dass wir kurz vor dem Feierabend immer noch an unserem Antreiber „sei perfekt" kleben und sich dadurch der Abschluss der aktuellen Tätigkeit weiter und weiter hinauszögert, bis wir bspw. zu spät zum Sport kommen.

Deine Arbeit mit diesem Buch. Um dir dies zu erleichtern, schlage ich dir vor, jetzt den sog. Antreiber-Test zu machen (Kälin & Müri, 2005). Er besteht aus 50 Fragen, die du möglichst intuitiv beantwortest. Nach den 50 Fragen wertest du deinen Test aus. Wie das geht, zeige ich dir am Ende der Fragen. Die höchste Summe ergibt deinen Hauptantreiber, er stellt für dich die größte Gefahr der eigenen Stressverstärkung (in der Abbildung 11 mit „Hindernisse" überschrieben) dar. Du kannst es auch als „zu viel des Guten/der Fähigkeit" betrachten.

Der QR-Code führt dich direkt zu allen Mini-Postern, Arbeitsblättern und Tests.

Darf's auch etwas leichter sein?

Antreiber-Test

Notiere deine Bewertung nach folgendem Muster direkt hinter jeder Frage: Trifft auf mich in meiner Berufswelt ... voll und ganz zu: 5; gut: 4; etwas: 3; kaum: 2; gar nicht: 1.

1. Wann immer ich eine Arbeit mache, mache ich sie äußerst gründlich. Es dürfen keine Fehler vorkommen.
2. Ich bin dafür verantwortlich, dass diejenigen, die mit mir zu tun haben, sich wohlfühlen.
3. Ich bin ständig auf Trab. Alles muss schnell gehen.
4. Anderen gegenüber zeige ich meine Schwächen nicht gerne. Ich erscheine stark. Nur keine Blöße zeigen.
5. Meine Devise: „Wer rastet, der rostet."
6. Häufig brauche ich den Satz: „So einfach kann man das nicht sagen."
7. Ich sage und mache oft mehr, als eigentlich nötig wäre.
8. Leute, die nicht korrekt genug arbeiten, lehne ich eher ab.
9. Gefühle zu zeigen bedeutet, Schwäche zu zeigen.
10. Auf gar keinen Fall lockerlassen, das ist meine Devise.

11. Wenn ich eine Meinung äußere, begründe ich sie auch, denn Kompetenz auszustrahlen, ist mir sehr wichtig.
12. Wenn ich einen Wunsch habe, erfülle ich ihn mir sehr schnell.
13. Ich liefere den Bericht erst ab, wenn ich ihn mehrere Male überarbeitet habe, damit er ja perfekt ist.
14. Leute, die „herumtrödeln", regen mich auf, denn Zeit ist Geld.
15. Es ist wichtig für mich, von den anderen akzeptiert zu werden. Dafür stelle ich meine Interessen in den Hintergrund.
16. Ich habe eher eine harte Schale und einen weichen Kern. Den darf man aber in der Berufswelt nicht zeigen.
17. Ich versuche herauszufinden, was andere von mir erwarten, um mich danach zu richten.
18. Leute, die unbekümmert in den Tag hineinleben, kann ich nur schwer verstehen, denn Erfolg muss man sich hart erarbeiten.
19. Leute, die nicht zur Sache kommen, unterbreche ich öfter, denn meine Zeit ist kostbar.
20. Ich löse meine Probleme selbst. „Selbst ist der Mann".
21. Aufgaben erledige ich möglichst rasch, denn es ist noch viel zu tun.

22. Im Umgang mit anderen bin ich auf Distanz bedacht. Zuviel Nähe schmälert die Autorität.
23. Ich sollte viele Aufgaben noch besser erledigen, da sie noch nicht perfekt genug sind.
24. Ich kümmere mich persönlich auch um nebensächlichere Dinge, damit wirklich alles okay ist.
25. Erfolge fallen nicht vom Himmel, man muss sie hart erarbeiten. „Im Schweiße deines Angesichts".
26. Für dumme Fehler habe ich wenig Verständnis.
27. Ich lege Wert darauf, dass andere Fragen rasch und bündig beantworten.
28. Es ist mir wichtig, von anderen zu erfahren, ob ich meine Sache gut gemacht habe.
29. Wenn ich meine Aufgabe begonnen habe, führe ich sie immer zu Ende.
30. Ich stelle meine Wünsche und Bedürfnisse zugunsten anderer Personen zurück.
31. Ich bin anderen gegenüber oft hart, um von ihnen nicht verletzt zu werden. Zuviel Nähe empfinde ich als gefährlich.
32. Wenn es mir zu langsam vorangeht, dann trommle ich oft ungeduldig mit den Fingern auf den Tisch.

33. Beim Erklären von Sachverhalten verwende ich gern die klare Aufzählung: „erstens ..., zweitens ..., drittens ...," oder „auf der anderen Seite ...".

34. Ich glaube, dass die meisten Dinge nicht so einfach sind, wie viele meinen. Die machen es sich viel zu leicht.

35. Es ist mir unangenehm, andere Leute zu kritisieren, denn dann könnten die mich ja nicht mehr gernhaben.

36. Bei Diskussionen nicke ich häufig mit dem Kopf.

37. Ich strenge mich an, meine Ziele zu erreichen. Nur was hart erarbeitet ist, zählt.

38. Mein Gesichtsausdruck ist eher ernst und konzentriert.

39. Ich bin ruhelos, nervös und manchmal auch hektisch.

40. So schnell kann mich nichts erschüttern. Ich bin der Fels in der Brandung.

41. Meine Gefühle gehen andere nichts an. Ich muss stark sein. Wer Gefühle zeigt, ist schwach.

42. Mit geht es fast immer zu langsam. Aus diesem Grund treibe ich die anderen an, damit mal was vorwärts geht.

43. Ich sage oft: „Genau – exakt – klar – logisch – selbstverständlich."

44. Ich sage oft: „Das verstehe ich nicht ..."
45. Ich sage eher: „Könnten Sie es nicht einmal versuchen?" als „Versuchen Sie es einmal." „Vorsicht ist die Mutter der Porzellankiste".
46. Ich bin diplomatisch, damit ich so gut wie niemanden vergraule.
47. Ich versuche, die an mich gestellten Erwartungen zu übertreffen. Für mich ist es wichtig, besser als andere zu sein.
48. Beim Telefonieren bearbeite oder erledige ich häufig andere Dinge nebenbei.
49. „Auf die Zähne beißen" heißt meine Devise, denn ein Indianer kennt keinen Schmerz.
50. Trotz enormer Anstrengungen will mir vieles einfach nicht gelingen. Aber wenn ich mich nur richtig anstrenge, dann wird es schon wieder.

Privater Bereich

Auswertung zum Antreiber-Test

Übertrage zur Auswertung des Fragebogens bitte deine Bewertungszahlen für jede entsprechende Frage auf den folgenden Auswertungsschlüssel. Zähle dann die Bewertungszahlen zusammen.

„Sei perfekt":

1
8
11
13
23
24
33
38
43
47
Total _____

„Mach schnell":

3
12
14
19
21
27
32
39
42
48
Total _____

„Streng dich an":

5
6
10
18
25
29
34
37
44
50
Total _____

„Mach es allen recht":

2
7
15
17
28
30
35
36
45
46
Total _____

„Sei stark":

4
9
16
20
22
26
31
40
41
49
Total _____

Dort, wo du die höchsten Punktwerte (Summen) hast, müsste der stärkste Antreiber in deinem Leben liegen. Noch mal deutlich: Egal welchen oder wie viele Antreiber du – als Ergebnis deines Tests – deutlich ausgeprägt hast, du bist okay. Doch mit diesem Wissen kannst du dich den Handlungsvorschlägen deines Antreibers bewusster stellen und immer öfter eine neue Wahl treffen. Wenn du deiner inneren Stimme zuhörst, kannst du dabei tatsächlich einen Dialog mit dir selbst führen. Wie du eine kritische Abwägung der unterschiedlichen Positionen ermöglichst, beschreibe ich dir im Folgenden (Entwicklungsarbeit).

Entwicklungsarbeit

Hattest du vor dem Test schon einen Verdacht? Ich vermute stark, dass deine Hypothese zu deinem Hauptantreiber eingetroffen ist. Erstaunlich ist, dass sich häufig ein weiterer Antreiber kurz dahinter einreiht, den wir nicht so sehr im Blick haben.

Ich empfehle dir nun, deinen Hauptantreiber zu betrachten und seinen Vorschlägen in entspannten Settings zu lauschen (s. Abbildung 12). Wenn dir zum Beispiel jemand eine kleine Zusatzaufgabe anbietet, versuche erst einmal, nicht direkt zu antworten. Höre zu, was dein Antreiber zu sagen hat, und gehe alle möglichen Optionen durch. Im Laufe der kommenden Minuten wird sich eine Möglichkeit zeigen, die für dich tragbar erscheint. Erst jetzt zeigst du dich mit dieser Antwort. Meist ist dein Gegenüber sogar erfreut, dass du dir richtig Gedanken über ihre bzw. seine Bitte gemacht hast. Nun darfst du diesen Erfolg feiern, dass du dir die Zeit für eine durchdachte Antwort genommen hast. Du bist für deine Bedürfnisse gegangen und

Privater Bereich

hast gleichzeitig die Bedürfnisse eines anderen Menschen in Betracht gezogen.

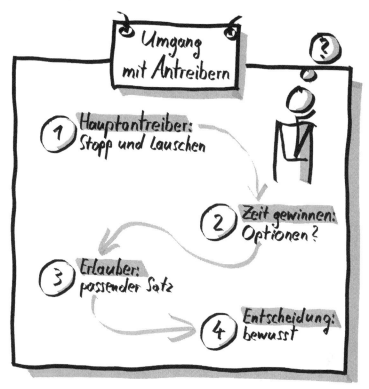

Abbildung 12: Umgang mit Antreibern

Je öfter du diese interne Unterhaltung bzw. Abwägung übst, desto eher wird eine solch genaue Betrachtung auch in nicht entspannten Settings möglich werden. Doch ich verrate dir etwas: Damit werden wir nie fertig. Es handelt sich um einen ewigen Prozess der bewussten Selbstwahrnehmung, in dem dein Mut für weitere – für dich – tragfähige Entscheidungen kontinuierlich wächst. Gleichzeitig wirst du dich dafür immer öfter feiern können. Bedenke: Niemand außer dir kann sich wirklich um dich kümmern. Und ab jetzt – mit diesem Instrument – kannst du bewusst für deinen Weg einstehen, yeah!

Parallel dazu kommen die sog. Erlauber als Unterstützung hinzu. Dies sind Sätze, die dich direkt entspannen, z. B.:

- Ich bin richtig, wie ich bin. Ich gebe mein Bestes. Das reicht.
- Ich bin nicht immer schuld.
- Ich darf mir helfen lassen.
- Ich brauche nicht für andere zu denken und Verantwortung zu übernehmen.
- Meine Zeit gehört mir.

Wenn hier noch kein passender Erlaubersatz für dich dabei sein sollte, begib dich auf die Suche danach. Was kannst du so formulieren, dass es dich entspannt und deine Zuversicht nährt. Es lohnt sich.

Wenn du für dich feststellen solltest, dass deine Antreiber sehr stark auf dein Handeln wirken, möchte ich dir zur Vertiefung die beiden folgenden Bücher von Stefanie Stahl empfehlen:

- Stahl, Stefanie (2015): Das Kind in dir muss Heimat finden. München: Kailash.
- Stahl, Stefanie (2017): Das Arbeitsbuch – Das Kind in dir muss Heimat finden. München: Kailash.

2.2.2 Stress verstehen

Nicht die Aufgaben, Verhaltensweisen und äußeren Umstände führen zu Belastungen, sondern wie wir damit umgehen. Dieses Statement wird auch dich wahrscheinlich leicht herausfordern, oder? Wie wir die Welt betrachten und dabei bewerten, hat viel mit unserer Herkunft und der kindlichen Prägung zu tun, wie wir im vorherigen Kapitel gesehen haben. Mit dieser Brille schauen wir besonders im Stress auf andere und haben fast keine Wahl für neue Verhaltensoptionen. Da tauchen schon mal Bewertungen wie die folgende auf: „Ein normaler Mensch tut so etwas nicht." Im Stress wird deutlich werden, dass unsere Muster, die wir in der Kindheit gelernt haben, auch heute als Erwachsene noch zum Tragen kommen. Aus meiner Sicht wird dieser Teil des Buches (s. Abbildung 13) den größten Effekt beinhalten, damit du deinen Stress reduzieren kannst. Wir behandeln folgende Schwerpunkte:

* **Stressmodell nach (Kaluza, 2007).** Bereits das Verständnis der Wirkzusammenhänge kann beim Umgang mit Belastungen entspannen. Wir blicken dabei vor allem auf die inneren und äußeren Anteile von Anforderungen.

* **Gesundheitliche Folgen von Dauerstress.** Meine intensive Zeit als Leistungsdiagnostiker im Hochleistungssport hat mir die gesundheitlichen Konsequenzen, die bei Überlastung, Dauerärger oder anhaltenden Sorgen entstehen, drastisch vor Augen geführt. Dieselben Prinzipien wirken bei Führungskräften, Mitarbeitern, Eltern und Kindern.

- **Stopp-Tool und Resilienz.** Achtsamer Umgang mit Belastungen. Hier lernst du, wie du innehalten kannst, um weiterzukommen. Die Unterbrechung deiner aktuellen Handlung ist dabei die größte Herausforderung, da wir uns im Stress so wenig spüren. Gleichzeitig liegt hier die größte Chance für passendere Entscheidungen.

Stressmodell

Jede Anforderung setzt sich aus einem inneren und einem äußeren Anteil zusammen. Der äußere Anteil ist durch dein System, die Prozesse, die Werkzeuge und die Kultur geprägt. In meiner Arbeit konnte ich feststellen, dass wir häufig mit dem Finger auf das Außen, also den äußeren Anteil von Stress, zeigen. Nach dem Motto: „Für meinen Stress ist der- oder dasjenige schuld." Wir vergessen dabei unseren eigenen Beitrag, der am deutlichsten im inneren Anteil einer Aufgabe zu finden ist. Der innere Anteil ist durch deine individuelle Prägungsbrille geformt worden. Hier verknüpfen sich deine Prägung und die Entstehung von Stress. Beide finden ihren Platz in dem Stressmodell nach Kaluza (Kaluza, 2007).

Erst ein „Nein" im Kopf führt auf Dauer zu negativem Stress. Dauerhaft sollte dieser nicht vorkommen. Wenn du häufig ein Nein in bestimmten Situationen wahrnimmst, stellt sich die Frage, ob du grundsätzlich etwas an dieser Situation, diesem Setting oder dieser Beziehung etc. weiterentwickeln oder ändern kannst bzw. solltest. Die Veränderung geht dann von uns aus. Ich warte nicht, bis sich im Außen etwas passender entwickelt, sondern werde selbst aktiv. Und ja, das erfordert immer wieder Mut und lässt uns im Ungewissen, ob es denn wirklich besser werden wird. Das wissen wir bei Veränderungen nicht. Was wir aber wissen, ist, dass wir uns, wenn alles so bleibt, selbst nicht treu sind und wir gesundheitlich (körperlich und psychisch)[4] beeinträchtigende Konsequenzen zu erwarten haben.

Deine Arbeit mit diesem Buch. Die folgende Abbildung 13 (Stressmodell) findest du auch als Bikablo-Zeichnung im Kurs. Mit Hilfe des QR-Codes kommst du direkt dort hin.

Der QR-Code führt dich direkt zu allen Mini-Postern, Arbeitsblättern und Tests.

---

[4] Siehe direkt im Anschluss: Folgen von Dauerstress

Darf's auch etwas leichter sein?

Abbildung 13: Stressmodell (modifiziert nach Kaluza, 2007)

Gesundheitliche Schäden sind zu erwarten, wenn ich Dauerstress ausgesetzt bin. Im Stressmodell nach Gerd Kaluza,[5] welches ich in der Abbildung 13 vereinfacht dargestellt habe, findest du diesen Aspekt im unteren Teil. Mir hat seine Darstellung sehr geholfen, Stress zu verstehen, vor allem die Unterscheidung von äußeren und inneren Anforderungen. Bei den

---

5   Gemeinsam mit Carmen Nitka modifiziert nach Gerd Kaluza (Nitka, 2023)

Stressoren (Abbildung 13, links oben) geht es darum, wofür du Verantwortung übernehmen kannst. Du zeigst dich im System, grenzt dich ab oder machst etwas zu deinem Thema.

Im Bereich der Stressreaktion (Abbildung 13, rechts unten) geht es darum, welchen Ausgleich du in dein Leben holst und dort etablieren kannst. Und im Bereich der persönlichen Stressverstärker (Abbildung 13, rechts oben) stellt sich die Frage, welche Haltung du entwickelst und wählst.

Nimm dir an dieser Stelle dein Journal und starte mit der Beantwortung der drei Fragen:

1. **Ich gerate in Stress, wenn ...?** Dabei betrachtest du deine Stressauslöser. Was ist dir sehr wichtig? Gerätst du in Stress, wenn davon zu wenig vorkommt?

2. **Wenn ich im Stress bin, dann ...?** Dabei schaust du dir deine typischen und offensichtlichen Stressreaktionen an. Bitte betrachte dabei Stressreaktionen, die körperlich, gedanklich, gefühlsmäßig und/oder verhaltenstechnisch deutlich werden.

3. **Ich setze mich selbst unter Stress, indem ...?** Hier suchst du nach deinen Eigenschaften, die zwar hilfreich und erwünscht sind, deinen Stress jedoch häufig verstärken, weil du davon nicht ablassen kannst (s. a. deinen Antreibertest).

Im Austausch mit Freunden oder deinem/deiner Lebenspartner:in wird wahrscheinlich deutlich, wie unterschiedlich ihr seid. Ich erlebe es in Workshops dazu immer wieder, dass

Gesprächspartner:innen nach dem Austausch zu den drei oben genannten Fragen mit einem Verständnisgewinn zum eigenen Stresserleben belohnt werden. Es ist also normal und menschlich, in Stress zu geraten. Stress lässt sich nicht vermeiden. Die Frage, die wir uns im Folgenden stellen, ist eher, wie können wir hilfreicher damit umgehen. Dem widmen wir uns im übernächsten Punkt „Stopp-Tool und Resilienz".

Folgen von Dauerstress

Dauerstress zerstört dein Abwehr- und/oder dein Verdauungssystem. Daher möchte ich an dieser Stelle etwas mehr in die Stoffwechselphysiologie eintauchen. Denn je besser du verstehst, was biochemisch bei Dauerstress vor sich geht, desto leichter kannst du gegensteuern.

Im Leistungssport war ich neben der Steuerung der Belastungsintensität (über die Messung der Milchsäure bzw. Laktat) auch dafür zuständig, den Parameter zu erheben, der einen Rückschluss auf den Belastungsumfang zulässt. Dabei handelt es sich um ein Zwischenprodukt beim Abbau von Eiweiß, genannt UREA (Harnstoff). Als kurze Zusammenfassung möchte ich hier folgende Punkte beschreiben, die in der Abbildung 14 zu sehen sind:

- ✳ **Anlässe für Stress.** Neben dem Klassiker „Ärger" gibt es noch körperliche Überlastung und Sorgen bzw. Ängste. Diese werden häufig nicht ganz so ernst genommen.

- **Stresshormone.** Adrenalin und Cortisol ordnen einerseits die Nutzung von Eiweiß als Energiequelle an und steigern andererseits das Abwehrsystem, bis Entspannung eintritt. Dann bricht meist entweder das Abwehr- oder das Verdauungssystem schlagartig zusammen.
- **Signale ernst nehmen.** Nimm deine Warnsignale ab jetzt früher wahr: Augenliedzucken, Krämpfe, Engegefühl, Geräusche, Nacken- oder Kopfschmerzen und empfindliche Schleimhäute.

Wir sollten die oben aufgezählten Körpersignale sowohl ernst nehmen als auch mit Dauerstress und Überlastung in Verbindung bringen. Dazu möchte ich dich hier ermuntern. Wir brauchen in den meisten Fällen dazu keine medizinische Diagnostik, da wir tief in uns wissen, dass unser Körper uns den Schmerz als Rückmeldung schenkt: „Nimm einen Gang raus. Hol dir Unterstützung. Gib etwas ab."

Durch unsere oben bereits erwähnte hohe Handlungsgeschwindigkeit in Verbindung mit fehlenden Pausen, nehmen wir die Stopp- bzw. Warnsignale unseres Körpers nicht mehr wahr. Gleichzeitig übernimmt unser Hauptantreiber die Entscheidungsgewallt und stellt sich die Frage: „Werde ich noch angenommen, geachtet und gemocht, wenn ich mich bspw. jetzt abgrenze oder mit nein antworte?" Das ist einer der zentralen Automatismen, die für den unreflektierten Arbeitstunnel verantwortlich sind. Du brauchst deine gesunde Selbstachtung. Du bist genug, wenn du deinen Teil einbringst und dich von Dauerstress und Überlastung fernhältst. Damit du den Mut aufbaust, dich abzugrenzen, auch auf die Gefahr hin, abgelehnt zu werden, unternehmen wir diese Forschungsreise. Denn

Darf's auch etwas leichter sein?

Dauerstress kann sich kein Mensch leisten und steht so auch nicht in deinem Arbeitsvertrag.

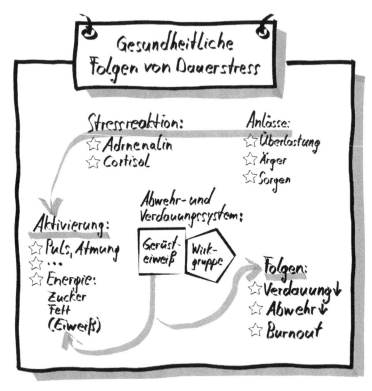

Abbildung 14: Gesundheitliche Folgen von Dauerstress

Kennst du das? Du fährst in den Sommerurlaub und eine:r der Erwachsenen wird am zweiten Tag mit Erkältung, Grippe oder Magendarmvirus krank? Gesetzliche Krankenkassen veröffentlichen in ihren Berichten diesen Umstand sowohl für den Sommerurlaub als auch für die Weihnachtsferien. Erklärbar wird dies, wenn wir uns anschauen, wie Dauerstress auf die Energiebereitstellung einwirkt.

Stresshormone stellen sowohl Blutzucker und Fett als auch Eiweiß als energiereiche Verbindungen für Muskelkontraktionen bereit. Bei Zucker und Fett ist das kein Problem, da sie genau dafür im Körper gespeichert werden. Eiweiß dient dem Körper allerdings vornehmlich als Bausubstanz. Es liefert zum Beispiel das Gerüst der Verdauungsenzyme und des Abwehrsystems. In Verbindung mit Mineralien und Spurenelementen können so hilfreiche Werkzeuge zur Verdauung und zur Abwehr hergestellt werden.

Bei Stress befiehlt nun der Stoffwechselvorstand (die Stresshormone), dass neben Zucker und Fett auch Eiweiß aus dem am leichtesten verfügbaren Eiweißpool zur Energiegewinnung bereitgestellt werden soll. Der Stoffwechsel holt es sich aus dem Gerüsteiweiß von Verdauung und Abwehrsystem. Das macht bei kurzfristigen Stresssituationen, in denen es ums Überleben geht, auch Sinn. Heute bei Stress im Büro oder der Kindererziehung ist diese zusätzliche Energiegewinnung für Muskelkontraktionen (Kampf oder Flucht) überhaupt nicht mehr notwendig, führt aber langfristig zum Raubbau am Verdauungs- und Abwehrsystem.

Das Stresshormon Cortisol treibt bei Dauerstress das Abwehrsystem zur Akkordarbeit an. Die läuft so lange auf Hochtouren, bis Entspannung eintritt (z. B. Start des Urlaubs, Abgabe eines wichtigen Projektes). Dann sinkt die Cortisolproduktion, das Abwehrsystem wird wieder zurückgefahren und Krankheitserreger haben leichtes Spiel. Die Folge davon: Zwei Tage später liegt jemand, der längere Zeit über seine Grenzen gegangen ist, flach (mit der oben erwähnten Grippe oder einem gehörigen Magen-Darm-Infekt).

Die oben aufgeführten Stresssignale (wie Augenliedzucken, Krämpfe, Engegefühl, Geräusche (Tinnitus), Nacken- oder Kopfschmerzen und empfindliche Schleimhäute) müssten eigentlich als Notbremse interpretiert werden. Die allermeisten Menschen übergehen sie schlichtweg. Doch ich möchte dich an dieser Stelle eindringlich aufrütteln und dir nahelegen, viel stärker auf die (Stopp-)Signale deines Körpers zu achten. Ansonsten besteht die Gefahr, dass du deine innere Funktionsfähigkeit (Immun- und/oder Verdauungssystem) zerlegst. Das kommt den Stoffwechselprozessen von Burnout und einer Erschöpfungsdepression sehr nahe.

Stopp-Tool und Resilienz

Du fragst dich bestimmt, wie du dich selbst so gesund verhalten kannst, wenn es gefühlt so oft mehr zu tun gibt, als bisher mit Gelassenheit zu bewältigen ist? Dazu möchte ich dir das Stopp-Tool vorstellen, mit dem es wahrscheinlicher ist, achtsame Entscheidungen zu treffen. Das Stopp-Tool ist in Anlehnung an Timothy Gallwey modifiziert worden (Gallwey, 2012). Vorweg möchte ich betonen, dass es nie wieder so werden wird, dass alles, was du dir vornimmst oder du an Aufgaben bekommst, entspannt und mit vielen Pausen in einen Tag passen wird. Vielleicht hast du so ein Zeitfenster mal erlebt und träumst von Stressbewältigungs- und Arbeitstechniken, die diesen Zustand wieder ermöglichen. Womit lässt sich dein Stresslevel – in der neuen Realität – nun aber erfolgreich reduzieren?

Diese Frage wird uns die Achtsamkeitslehre beantworten. Aus dem Bereich des Zeitmanagements ist uns schon länger bekannt, dass Stopps mit Wahrnehmung im Moment zu bewussteren Entscheidungen führen. Blöd nur, dass sich kaum jemand im Stress selbst stoppen kann. Gleichzeitig ist hier die Chance zu finden, besser für sich zu sorgen.

1. Stoppen über individuelles Zeichen

Suche es. Es gibt dieses für dich eindeutige Signal, das dein Körper, Geist, Gefühl oder dein verändertes Verhalten ans Bewusstsein sendet. Dein stärkstes Stresssignal ist absolut individuell. Nur du selbst kannst es finden. Nimm dir die nächsten drei Stress-Situationen vor und spüre in dich hinein. Im Entstehen von Stress wird es entweder ein deutliches körperliches Signal geben (z. B. Schwitzen), Gedanken können sich wiederholen (z. B. „alles Idioten, Idioten, Idioten"), ein starkes Gefühl (mulmig in der Magengegend) tritt auf oder du verhältst dich auffällig (z. B. Auf- und Ablaufen beim Telefonieren).

Mein Leben hat sich deutlich verändert, seitdem ich mein individuelles Stresssignal kenne. Bei mir werden bei aufkommendem Stress die Unterarmmuskeln sehr warm. Wenn ich dieses Signal beobachte, stoppe ich meine aktuelle Tätigkeit und nehme wahr, was gerade passiert.

2. Wahrnehmen im Moment

Dem Fühlen Raum geben und Gedanken hinterfragen. Das funktioniert am besten, wenn du deine aktuelle Handlung bzw. Tätigkeit, wenn möglich, unterbrichst. Wenn du bspw. gerade an der Erstellung einer Exceltabelle arbeitest, würde ich dir empfehlen, dich mit deinem Bürostuhl leicht nach hinten zu schieben, sodass sich deine Finger nicht mehr über der Tastatur befinden. Nun kannst du nachspüren, was du gerade erlebst und womit es zusammenhängt. Ist es wirklich so, wie du denkst? Was lässt sich an dieser Situation ändern oder passender gestalten?

Meist reichen schon ein paar Minuten, um den Blick zu weiten. Das ist die Voraussetzung dafür, viel mehr Optionen zuzulassen. Wir brauchen dafür diese Stille im Moment. Stell dir vor, du würdest mit einem Rennauto zum Boxenstopp fahren. Du wirst also deutlich langsamer und bekommst wieder viel mehr aus deinem Umfeld mit, bis zum Stillstand des Fahrzeugs. Diese Situation ist vergleichbar mit der Unterbrechung deiner bisherigen Tätigkeit. Jetzt erst kann sich dein Gehirn mit anderen Arealen, deinen Erinnerungen und neuen Optionen vernetzen, und die Wahrscheinlichkeit, dass dir etwas Hilfreiches einfällt, nimmt deutlich zu. Ein anderes Bild, das ich gerne nutze, ist die Jonglage von fünf Bällen, was unserem Doing im Stresstunnel gleichkommt. Beim Stoppen und Nachspüren nimmst du immer mehr Bälle heraus, bis nur noch ein bis zwei Optionen übrigbleiben. Wenn du nur noch einen Ball in der Luft hältst, gehst du zum nächsten Schritt über, dem bewussten Entscheiden.

3. Bewusst handeln

Sich ein Herz fassen. Es geht immer wieder darum, Verantwortung zu übernehmen und mutig bewusste Entscheidungen zu treffen. Es kann sein, dass du diese Stopps bis zu 20-mal am Tag praktizieren musst. Du schaffst mindestens genauso viel wie ohne die Stopps. Dabei wirst du dich garantiert wohler fühlen, weil du immer wieder tragfähigere Entscheidungen triffst.

Dieses Tool für bewusste Entscheidungen ist aus meiner Sicht die einzige Möglichkeit, bei dem heutigen Arbeitsvolumen ein angenehmes Gefühl zu erzielen. Es ist ja immer zu viel zu tun und oftmals bleibt Wichtiges liegen. Die Zufriedenheit, einen freien Schreibtisch zu hinterlassen, gibt es also gar nicht mehr. Diese Schlüsselkompetenz unterstützt dich dabei, freudvoll wirksam zu sein und mit deinem Arbeitstagewerk eher abzuschließen.

Ich habe in meinen 37 Jahren Selbstständigkeit rund um das Thema „Umgang mit Belastungen" viele Stressbewältigungsmethoden kennengelernt. Davon ist keine so alltagstauglich für berufliche und private Belange wie dieses Tool mit individuellem Stoppsignal. In der folgenden Abbildung findest du die drei Schritte noch einmal zusammengefasst: Stoppen, Wahrnehmen und Entscheiden.

Darf's auch etwas leichter sein?

Abbildung 15: Stopp-Tool für bewusste Entscheidungen

Das Stopp-Tool und die Erforschung der eigenen Antreiber haben aus meiner Sicht viel mit dem Thema Resilienz gemeinsam. Dabei geht es darum, seine Widerstandsstärke durch Selbstwahrnehmung und Selbstreflexion auszubauen. Das Ziel ist, bewusster mit Belastungen umzugehen. Wir werden sensibler für unsere Bedürfnisse in Verbindung mit unseren Prägungsmustern. Daraus erwachsen tragfähigere Äußerungen, Entscheidungen und Handlungen. Da treffen sich die Resilienz und die Achtsamkeit, weil sie dazu anregen, nicht noch mehr auszuhalten, sondern sich ehrlich zu tragfähigen Lösungen zu positionieren.

2.2.3 Wertschätzende Selbstkommunikation

Im letzten Abschnitt haben wir die Verbindung vom Verständnis und der Wahrnehmung des Stressgeschehens hin zur Bildung mutiger Entscheidungen betrachtet. Nun nehmen wir die Art der Formulierungen in den Blick. Du möchtest mit deinen Empfindungen, Gedanken und Vorschlägen gehört werden, richtig? Okay, dann sind Äußerungen hilfreich, mit denen du dich nachvollziehbar zeigst und die eine Verbindung zwischen dir und deinen Gesprächspartnern herstellen. „Wertschätzende Selbstkommunikation" heißt dieses Kapitel deshalb, weil alles Gesagte mit dem Denken beginnt. Zudem haben die Prägungsmuster, die du im vorletzten Kapitel „Individuelle Prägungsbrille" untersucht hast, großen Einfluss auf deine Formulierungen.

Verbundenheit

Schauen wir uns erst einmal menschliche Grundbedürfnisse von Kommunikation in Partnerschaft, Erziehung und Zusammenarbeit an. Wenn wir in unserer Entwicklungsgeschichte etwas weiter zurückgehen, wird deutlich, dass die Zugehörigkeit zu einer Gruppe ein echter Überlebensfaktor war. Dies ist als universelles menschliches Grundbedürfnis auch heute noch so.

Ein zentrales Bedürfnis im menschlichen Austausch betrifft deshalb das Thema Sicherheit. Im Gespräch unter Menschen registriert unser Wahrnehmungssystem permanent Faktoren, die über die Stimmung des Gesprächspartners Auskunft geben.

Das wären z. B. Mimik, Stimme, Körperhaltung, Gestik, Lautstärke, Geruch und Abstand. Als erste Indikatoren stehen die Körperhaltung und Mimik im Fokus. Aus ihnen können wir ablesen, ob uns ein anderer Mensch wohlgesonnen begegnet. Erst wenn dieser Basis-Check positiv ausgefallen ist, können wir uns auf einen Informationsaustausch einlassen. Dieses Programm beurteilt, ob wir uns in Sicherheit befinden. Obwohl uns heute in Gesprächen sehr selten akute Gefahr widerfährt, läuft dieses Scanner-Programm seit Urzeiten im Hintergrund mit. Damit wird verständlich, warum das Fehlen bspw. eines Videobildes innerhalb eines Videomeetings verunsichernd auf die anderen Teilnehmer:innen wirken kann.

Weitere Grundbedürfnisse im Zusammentreffen von Menschen sind:

* **Wertschätzung:** anerkannt zu werden
* **Erkennungszeichen:** mit dem gesehen werden, was uns wichtig ist

In Verbindung mit dir und deiner Art zu kommunizieren möchte ich dich fragen, wie du in letzter Zeit Sicherheit bei deinen Gesprächspartner:innen unterstützt hast:

* Anerkennung und Wertschätzung sind wie Wasser und Brot zu betrachten: Wer hat in den letzten Wochen Anerkennung von dir bekommen und wofür?
* Du kennst die Stärken deiner Mitarbeiter:innen bzw. Partner:in hoffentlich. Was hält dich davon ab, immer wieder deine Anerkennung auszudrücken?

Privater Bereich

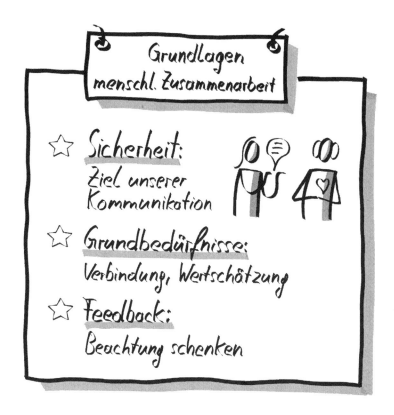

Abbildung 16: Grundlagen in menschlicher Zusammenarbeit bzgl. der Kommunikation

Allein diese Punkte verdeutlichen, welchen Stellenwert Kommunikation in Zusammenkünften von Menschen hat. Durch das Geben von Feedback schenken wir anderen Menschen Beachtung, egal ob das in Form von Wertschätzung, Rückversicherung oder Kritik erfolgt. Zeige deinen Mitmenschen, dass du sie wahrnimmst.

Wie wäre es, wenn du dich mit kritischen Gedanken so äußern könntest, dass die Verbindung des Angesprochenen zu dir bestehen bleibt? Und wie wäre es, wenn ihr nicht in einen verbalen Schlagabtausch des Rechthabens abdriften würdet? Meine Weiterbildungen im Bereich der Kommunikation nach Marshall B. Rosenberg haben mein Leben verändert, sowohl als Personalvorstand einer Privatschule als auch als Vater von vier Kindern. Daher möchte ich dir im Folgenden mehr davon erzählen.

Gewaltfreie Kommunikation (GfK)

Sich so auszudrücken, dass ein anderer Mensch das annehmen kann und dich versteht, das ist wohl eines der größten Ziele in der zwischenmenschlichen Kommunikation. In entspannten Settings funktioniert das bei vielen. Sobald der Stresspegel jedoch zunimmt, wird das schwieriger. Ich möchte dir hier den Ansatz von Marshall B. Rosenberg, dem Begründer der gewaltfreien Kommunikation, näherbringen (Rosenberg, 2012):

Ich erinnere mich noch wie heute an meine erste Begegnung mit der gewaltfreien Kommunikation (GfK). Für eine Lehrer:innen-Fortbildung an unserer Schule hatte ich einen Juristen und seine Kollegin für den Bereich Kommunikation eingeladen. Die Fortbildung kam nicht so recht in Schwung, bis die Kommunikationsexpertin die Grundzüge der GfK erklärte. Sie startete mit folgendem Zitat von M. B. Rosenberg: „Willst du Recht haben oder glücklich sein? Beides zusammen geht nicht."

Ab diesem Zeitpunkt waren 40 Lehrer:innen und ich on fire. Vielleicht kannst du dir die lebhaften Diskussionen vorstellen, die dieses Zitat im Schulkontext initiiert hat? Ich startete zwei Wochen später meine Teilnahme an einem 10-tägigen internationalen Seminar bei M. B. Rosenberg in der Schweiz und mein (Kommunikations-)Leben änderte sich vollkommen. In Kurzform: Ich habe nicht mehr versucht, für meine Sicherheit zu sorgen, indem ich Recht haben wollte. Vielmehr öffnete ich mich für die Welt der Bedürfnisse und die Funktion von Gefühlen.

Lass die folgenden GfK-Weisheiten einmal auf dich wirken, die wir im Anschluss in ein Format überführen werden, mit dem du jeden Konflikt nachbetrachten und eine erneute Aussprache hilfreich vorbereiten kannst: Mit jeder Handlung versuchen wir, uns ein Bedürfnis zu erfüllen.

* Mit jeder Handlung versuchen wir, uns ein Bedürfnis zu erfüllen.
* Gefühle zeigen erfüllte bzw. unerfüllte Bedürfnisse.
* Niemand sagt bzw. tut etwas, um jemand anderen zu ärgern.
* Jedes Nein kommt irgendwann als Bumerang zurück.
* Willst du Recht haben oder glücklich sein? Beides zusammen geht nicht.

Dann lass uns mit der Betrachtung einer banalen Unterhaltung starten. Stell dir vor, du triffst dich mit einer Freundin oder einem Freund auf einen Kaffee. Ihr unterhaltet euch und tauscht Neuigkeiten aus. Obwohl du diesem Menschen wohlgesonnen bist, kann und wird es vorkommen, dass du in bestimmten Punkten anderer Meinung bist. Dieser Moment ist entscheidend. Wie drückst du aus, dass du z. B. anders reagieren würdest als dein:e Gesprächspartner:in?

In den allermeisten Fällen beschreiben wir nicht das Gefühl, das bei der Äußerung des Gesprächspartners entstanden ist, sondern verurteilen das Verhalten der/des anderen und werten es ab. Ich möchte dich jedoch motivieren, dir in solchen Gesprächen ab jetzt öfter selbst zuzuhören, um meine These zu überprüfen.

GfK-Grundlage. Wenn es dir gelingt, die Aussagen oder Handlungen deiner/deines Kolleg:in, deines/deiner Partner:in oder deines Kindes nicht zu bewerten, steigt die Chance auf friedlichen Austausch.

Wenn du mit Geschwistern aufgewachsen bist oder an hitzige Diskussionen mit Lebenspartner:in oder Kolleg:innen denkst, wird es dir bekannt vorkommen, dass, sobald jemand Luft holt, dir der/die andere ins Wort fällt und es zu einem echten Schlagabtausch bzw. Wortgefecht kommt. Diese Art der Unterhaltung hat das Ziel, dass der Stärkere gewinnt. Das hinterlässt Schmerzen. Die Verbindung wird dabei nach und danach kleiner.

Wie kann es also anders gehen? Dazu bitte ich dich, dir einen aktuellen kleinen bis mittleren Ärger vorzunehmen. Es sollte ein Ärger in deinem nahen Umfeld sein, mit Menschen, die du kennst und mit denen du immer wieder zu tun hast. Schlage für die Bearbeitung eine leere Seite in deinem Journal auf.

Konstruktiver Umgang mit Ärger

1. **Situation neutral beschreiben,** in der du dich geärgert hast (Mensch, Situation, Worte etc.): Nutze Stichpunkte und achte auf neutrale Formulierungen. Lass alle Bewertungen weg.

2. **Welche Gefühle** hat dieser Anlass bei dir ausgelöst? Bei dem Grundgefühl Ärger kannst du nach der passenden Ausprägung suchen, wie Verwunderung, Irritation, Ärger, Wut oder Zorn.

3. **Welches Bedürfnis** ist dadurch zu kurz gekommen? Ich biete dir hier eine mittlere Auswahl an Bedürfnissen an, aus denen du das für dich Passende (max. 2-3) auswählen kannst: Freiheit, Selbstbestimmung, Bewegung, Nahrung, Schlaf, Distanz, Unterkunft, Wärme, Gesundheit, Heilung, Kraft, Lebenserhaltung, Authentizität, Einklang, Eindeutigkeit, Übereinstimmung mit eigenen Werten, Identität, Individualität, Schutz, Übersicht, Klarheit, Abgrenzung, Privatsphäre, Struktur, Wertschätzung, Nähe, Zugehörigkeit, Liebe, Intimität bzw. Sexualität, Unterstützung, Ehrlichkeit, Gemeinschaft, Geborgenheit, Respekt, Kontakt, Akzeptanz, Austausch, Offenheit, Vertrauen, Anerkennung, Freundschaft, Achtsamkeit, Aufmerksamkeit, Toleranz, Zusammenarbeit, Gerechtigkeit, Erholung, Ausruhen, Spiel, Leichtigkeit, Ruhe, Harmonie, Inspiration, Ordnung, (innerer) Friede, Freude, Humor, Abwechslungsreichtum, Ausgewogenheit, Glück, Ästhetik, Beitrag, Wachstum, Anerkennung, Feedback, Erfolg im Sinne von Authentizität, Einklang, Eindeutigkeit, Gelingen, Kreativität, Sinn, Bedeutung, Übereinstimmung mit eigenen Werten, Effektivität,

Kompetenz, Lernen, Feiern, Identität, Individualität, Trauern, Bildung, Engagement.

4. Worum konkret kannst du die Person **bitten**? Damit schenkst du deinem/deiner Gesprächspartner:in einen Vorschlag, mit dem es dir besser gehen würde. Die Person kann nun überlegen und entweder ja oder nein sagen.

Herzlichen Glückwunsch zur Energieleistung, dich diesem Formulierungsformat zu stellen.

Ich vermute, dass die neutrale Beschreibung im ersten Schritt noch eine Herausforderung darstellt. So ging es mir jedenfalls am Anfang. Ich komme aus einem Elternhaus mit einem Vater, von dem latente Bedrohung ausging. Seine ironische „Berliner Schnauze" haben mein Bruder und ich perfektioniert. Wir konnten uns mit Worten bis aufs Blut duellieren. Diese intensive Prägung, mit der ich mich verbal versucht habe zu schützen, musste ich höchst intensiv auflösen. Ich habe ca. 40 Fortbildungstage in das Thema der gewaltfreien Kommunikation investiert und anschließend noch eine Ausbildung zum Konflikt-Coach absolviert. Damit will ich verdeutlichen, wie stark unsere Prägungen bzw. Antreiber in uns „wüten", wenn wir sie nicht erforschen und dadurch abmildern..

Deine Arbeit mit diesem Buch. Die folgende Abbildung 17 (Konstruktiver Umgang mit Ärger) findest du als Formular zur Vorbereitung herausfordernder Gespräche im Gratis-Kurs (s. QR-Code).

Der QR-Code führt dich direkt zu allen Mini-Postern, Arbeitsblättern und Tests.

Privater Bereich

Abbildung 17: Konstruktiver Umgang mit kleinem bis mittlerem Ärger. Diese Abbildung findest du im zugehörigen Kurs als Arbeitsblatt. Nutze es zur Vorbereitung einer geplanten Aussprache.

Eine noch größere Herausforderung stellt der Umgang mit starkem Ärger bis hin zur Wut dar. Eine gängige Form kennst du, wenn dir jemand seinen Ärger ungefragt beschreibt und sich selbst nicht stoppen kann. Eigentlich wollten wir dem Kollegen bzw. der Kollegin nur kurz unsere Aufmerksamkeit schenken und dann weiterarbeiten. Die Schilderung nimmt allerdings kein Ende. Dabei lässt sich beobachten, dass du mit Wortbeiträgen, wie „ja, okay, nee, hm, so was" etc. und einigen Sekunden Schweigen dazwischen den Redeschwall eher noch anfeuerst. Du denkst nun seit ein paar Minuten darüber nach, wie du aus dieser Situation herauskommen kannst. So geht es.

Umgang mit starkem Ärger/Wut

1. Nicht direkt „retten" wollen oder Problemlösungen anbieten, sondern das, was du verstehst (was derjenige erlebt hat), immer wieder in kurzen „Zwischenrufen" spiegeln: Man kommt sich etwas blöd vor, wenn diese einfache Technik angewendet wird, weil wir darin keine Problemlöseleistung erkennen. Gleichzeitig helfen diese sehr kurzen Spiegelsätze deinem Gegenüber zu realisieren, dass du ihm oder ihr tatsächlich zuhörst und verstehen möchtest, worum es geht. Dabei tritt eine erste Entspannung ein.

2. Erst wenn sich die/der andere ein wenig beruhigt hat, kannst du mit Hilfe einer geschlossenen Frage das Bedürfnis nennen, welches höchstwahrscheinlich in dessen Situation zu kurz gekommen ist (Hypothese). Beispiel: „Weil dir die gerechte Arbeitsverteilung wichtig ist und bisher von mir zu wenig berücksichtigt wurde?" Geschlossene Fragen sind für die meisten von uns ungewöhnlich, weil wir eher offene W-Fragen beigebracht bekommen haben (wie z. B. Was ist passiert? Wie ging es dir dabei? Etc.). Diese Hypothesenbildung ist gleichzusetzen mit Empathie für den anderen. Derjenige muss die Formulierung

Privater Bereich

nicht selbst leisten, sondern bekommt sie von dir geschenkt und braucht nur mit ja oder nein zu antworten. Wenn du ein Ja als Antwort bekommst, fühlt sich dein Gegenüber verstanden und kann entspannen. Wenn du ein Nein bekommst, machst du einen weiteren Vorschlag für eine Hypothese, was zu kurz gekommen sein könnte. Auf diese Art kann so viel Entspannung entstehen, dass ein normaler Austausch wieder möglich wird.

Abbildung 18: Diese Abbildung findest ebenfalls als Arbeitsblatt zum Umgang mit starkem Ärger bzw. Wut im Gratis-Kurs.

Selbstempathie: Lerne dich selbst kennen und achten

Wenn du dich über etwas ärgerst und es im Nachhinein analysieren willst, helfen dir die ersten drei Schritte der GfK. Sie eröffnen dir ein besseres Verständnis über dich selbst und steigern die Akzeptanz deiner Bedürfnisse. Du lernst dich dadurch selbst besser kennen. Dein Selbstbewusstsein wird gestärkt, nach dem Prinzip: „Für kollegiale Rücksichtnahme (bspw.) darf ich mich einsetzen. Das ist vollkommen in Ordnung."

1. **Situation.** Was hat jemand aus deinem Umfeld getan oder gesagt. Beschreibe es neutral und möglichst kurz.
2. **Dein Gefühl.** Welches Gefühl hat diese Handlung oder das Gesagte bei dir ausgelöst?
3. **Bedürfnis.** Welches dir wichtige Bedürfnis ist dabei zu kurz gekommen?

Selbstempathie unterstützt uns dabei, uns besser zu verstehen und Selbstzweifel zu reduzieren. Das Ziel dieser Arbeit mit dir selbst – oder mit Hilfe von Gesprächen mit Freunden, Kollegen, Coaches etc. – ist der innere Satz bzw. der Zustand: „Ich bin okay." Du achtest deine Werte und beginnst immer mehr, dafür einzustehen. Du selbst gehst dann nicht mehr so leicht über deine eigenen Grenzen und du benennst das Überschreiten deiner Grenzen durch andere eher. Du grenzt dich ab. Das ist eine äußerst wichtige Fähigkeit in der Zusammenarbeit in Teams und im Zusammenleben in einer Familie.

Die beiden vorangegangenen Kapitel „Stress verstehen" und „wertschätzende Selbstkommunikation" liefern dir folgende Möglichkeiten:

1. Du kannst dich selbst immer wieder stoppen.
2. Du formulierst deine Sätze so, dass die Verbindung zwischen den unterhaltenden Personen bestehen bleiben kann.

Aus meiner Sicht als Schlichter und Konflikt-Coach liegt genau hier der Erfolgsschlüssel für eine gelingende Kommunikation, bei der beide Gesprächspartner mit einem freudvollen und entspannten Gefühl die Klärung unterstützen.

Du kannst die ersten drei Schritte der GfK so lange gedanklich formulieren, bis du den Mut aufbringst, jemanden in dieser Weise verbal zu konfrontieren. Ich glaube fest daran, dass du belohnt wirst. Ich verrate dir auch, warum diese Form der Kommunikation so erfolgreich ist.

Wenn du im ersten Schritt eine Situation bzw. den Anlass für deinen Ärger neutral beschreibst, versteht dein Gegenüber, worüber du mit ihm/ihr sprechen möchtest. Und, ganz wichtig, sie/er wird dabei nicht von dir abgewertet! Dieser Punkt wird in unüberlegten, spontanen Diskussionen meist nicht beachtet, wodurch dein Gegenüber jedoch häufig direkt zum „Gegenangriff" übergeht.

Im zweiten Schritt sprichst du von dem Gefühl, welches dadurch bei dir ausgelöst wurde. Auch das wird von deinem Gegenüber nicht als Angriff oder Verletzung interpretiert. Du darfst erst einmal wahrnehmen, wie du dich fühlst.

Beim dritten Schritt wird es spannend, weil du dein Bedürfnis benennst, das dir sehr wichtig ist und welches dabei zu kurz gekommen ist. Nehmen wir an, dass dir bei einem Anlass (z. B. in einem Streit) das Bedürfnis nach Rücksicht zu kurz kam. Rücksicht ist ein universell menschliches Bedürfnis, das den allermeisten Menschen ebenfalls wichtig ist. Mit der Benennung deines Bedürfnisses stellst du eine Verbindung zwischen euch her. Du erreichst deinen Gesprächspartner auf der Herzebene, ob er das will oder nicht. Das entspannt und beruhigt. Dabei spreche ich immer wieder vom Geschenk der Selbstoffenbarung. Genau das ist damit gemeint. Du zeigst dich verletzlich und menschlich.

Beim vierten Schritt formulierst du eine Bitte. Du wünschst dir also bspw. mehr Rücksicht und ganz konkret, dass du ungestört ausreden darfst, bevor eine Antwort kommt. Das Wesen einer Bitte besteht darin, dass der Angesprochene immer die Wahl hat, dieser Bitte nachzukommen, wenn sie/er dies als angemessen betrachtet, oder aber mit einem Nein zu antworten. Damit hast du einem anderen Menschen auf achtsame Weise etwas von dir gezeigt, was dir wichtig ist. Es wurde eine Herzensverbindung unterstützt. Meine Hypothese: Wenn du das zwei- bis dreimal so formulierst, toleriert dich dein Umfeld stärker mit deiner Individualität, weil du dich sichtbar gemacht hast.

Wir wissen so wenig, warum sich Menschen so oder so verhalten. In friedlichem Austausch – also ohne Verurteilung – lernen wir uns besser kennen und achten. Diese Gesprächsqualität werden wir sowohl im folgenden Kapitel „Work-Family-Balance/Paar-Balance: Bewusste Gestaltung" als auch im übernächsten Kapitel „Arbeitsbereich: Werde zur bestmöglichen Führungskraft" wunderbar nutzen können. Wenn du bis hierhin gelesen, reflektiert, überdacht und ausprobiert hast, bist du echt weit gekommen, weil du wahrscheinlich Freude daran hast, dich weiterzuentwickeln, auch wenn es manchmal (eigentlich immer) ein Stück weit anstrengend ist. Diese Basisarbeit oder Forschung, uns selbst besser zu verstehen, wird ab jetzt – also in den folgenden Kapiteln – durch Anwendung in unterschiedlichen Settings „belohnt". Ich freue mich gerade selbst wie Bolle, dass auch ich beim Schreiben dieses Buches bis hierhergekommen bin.

2.3 Work-Family-/Paar-Balance: Bewusst gestalten

Stimmt, ich bin kein Familien- oder Paartherapeut. Gleichzeitig hat die jahrzehntelange Beschäftigung im Umgang mit körperlichen, emotionalen und gedanklichen Belastungen und sehr vielen Workshops mit Paaren zu den Themen

* Fit für die Schicht,
* Vorbereitung auf ein gesundes Alter,
* Best-Ager,
* Lehrer:innen-Gesundheit,
* Work-Family-Balance für Lehrer:innen im Paar mit Kind/ern,

dazu geführt, dass ich die Bedürfnisse von Frauen und Männern im Paarkontext immer öfter als Coach unterstützen durfte.

Darf's auch etwas leichter sein?

Hinzukommt meine persönliche Geschichte mit zwei Beziehungen und vier Kindern. Beide Beziehungen haben nach paartherapeutischer Begleitung zur Trennung geführt. Diese Erfahrungen waren Anlass genug, mich selbst mit meinen Schattenseiten viel genauer zu erforschen. Dieser Teil meiner Geschichte ist wohl auch ein Grund dafür, warum ich mich so intensiv mit den Themen Persönlichkeitsentwicklung, Funktion von Gefühlen und Bedürfnissen, friedvolle Kommunikation und Lebenszufriedenheit beschäftigt habe.

Nun möchte ich dir einen Überblick zu den folgenden drei Unterkapiteln geben, in denen es um die Erfolgsfaktoren für Zufriedenheit im Paar bzw. in der Familie geht:

✳ **Paarzeit:** Einer der häufigsten Punkte für Unzufriedenheit im Paar ist die immer geringer werdende Zeit miteinander. Besonders wenn Kinder neu im Familienverbund erscheinen, verändert sich das gemeinsame Zeitfenster dramatisch. In meinem kostenfreien Angebot „Paarbriefe" kannst du dir – neben den Anregungen hier im Buch – weiterführende Infos, und wiederkehrende Tipps senden lassen. Den aus meiner Sicht fundiertesten Test zum Thema Work-Family-Balance werde ich in diesem Kapitel vorstellen. Sämtliche Arbeitsblätter, Fragebögen, Tests und Checklisten findest du übrigens als PDF-Dokumente per QR-Code zum Download.

Der QR-Code führt dich direkt zu allen Mini-Postern, Arbeitsblättern und Tests.

- **Beziehung:** Ich möchte hier den Aspekt von „Beziehung auf Augenhöhe" betrachten. Mir geht es dabei nicht nur um den Bereich der Paarebene, sondern ganz allgemein darum, mit welcher Haltung wir auf andere Menschen (z. B. auch auf unsere Kinder) schauen. Für eine menschenachtende Haltung brauchen wir allerdings Bewusstheit, sonst übernimmt unser Autopilot das Steuer. Die innere Haltung beeinflusst den Austausch unter den Beteiligten maßgeblich. Dein Gesprächspartner fühlt sich auf Augenhöhe mit dir, wenn du dessen Bedürfnisse achten kannst.

- **Mental-Load:** Der Bereich der Sorgearbeit rund um das Familiensystem ist ein ganz eigener Job, mit deutlich höherem Stundenumfang als der in der Erwerbsarbeit. Ganz ehrlich, ich habe diesem Lebensbereich lange Zeit viel zu wenig Wertschätzung beigemessen. Daraus sind immer wieder Konflikte entstanden, deren Ursprung in meiner „Abwertung" lagen. Nach dem Prinzip: Geld verdienen ist doch wichtiger, als die Zutaten für einen Geburtstagskuchen zu besorgen. Die dahinter liegenden Bedürfnisse nach Anerkennung und Augenhöhe sind mir leider erst viel später klar geworden. Hier stelle ich dir einen Mental-Load-Test und ein erprobtes Konzept zur Vereinbarkeit von Beruf und Familie vor, das diese Bedürfnisse immer wieder ins Bewusstsein hebt.

2.3.1 Paarzeit

Ich möchte dich an die Einleitung zu diesem Buch erinnern. Du möchtest ein bestimmtes Thema bzw. Problem in deinem bzw. eurem Leben lösen, richtig? Prüfe dafür bitte, ob die folgenden Gegebenheiten auf dich zutreffen:

* komplexes Jonglieren von Bedürfnissen
* Sehnsucht nach mehr Paarzeit
* Stresssymptome: Unruhe, Ängste, Herzschmerzen, Erschöpfung, Streit, Schlafstörungen
* Kreislauf: Arbeit, Kinder versorgen, Haus bauen, Arbeit vor- und nachbereiten, wenig Anerkennung
* wachsende Anforderungen im Job

Daraus entstehen Wünsche und Bedürfnisse, von denen ich dir eine Auswahl anbieten möchte. Ist hier etwas dabei, das du im Auge hast?

* sich selbst treu bleiben
* Zeit für mehr Austausch
* Gleichberechtigung in den Blick nehmen
* Freude vor Krampf
* Work-Family-Balance entwickeln
* zusammenbleiben

In meinem Coaching für Paare orientiere ich mich an der folgenden Struktur. Ich starte mit der Beschreibung der aktuellen Situation, gefolgt von einem Commitment zur Entwicklungsbereitschaft beider Partner:innen. Ich schlage meinen Coachees an dieser Stelle vor, das Thema zu parken, um sich erst einmal um den individuellen freudvollen Ausgleich zu kümmern. Ähnlich wie in Kapitel „2.1 Gesunde Basis: Hier startest du" ausgeführt, ist das übergeordnete Ziel der Selbstfürsorge, dass du bzw. ihr wieder mehr Freude, Sinnhaftigkeit und Ausgleich erlebt, um aus der Hoffnungslosigkeit oder auch Verzweiflung herauszukommen.

Häufig sieht es nämlich gar nicht so aussichtslos aus, wie wir uns das vorsagen. Allein die Bereitschaft der Partnerin bzw. des Partners, sich gemeinsam diesem Thema zu widmen, entspannt schon ungemein. Wenn wöchentlich ein Termin für das eigene Hobby und/oder den Austausch mit Freunden erlebt wird, stärkt ihr euch für die bewusste und manchmal bestimmt auch herausfordernde Entwicklungsanpassung eures Lebensmodells.

So sieht der Ablauf aus:

1. **Aktuelle Situation:** gemeinsam auf das Leben schauen
2. **Selbstfürsorge:** die persönliche Basis stabilisieren
3. **Beziehungspflege:** Fragebogen Work-Family-Balance als Einstieg zur Lebensgestaltung
4. **Qualitätszeit gestalten:** dosierte Entwicklung beginnen

Darf's auch etwas leichter sein?

Damit du eine Vorstellung davon bekommst, welche Bereiche bzw. Themen im Fragebogen zur Work-Family-Balance betrachtet werden, beschreibe ich dir:

* das Design des Tests
* die sechs Erfolgsfaktoren
* und alle Fragen (ebenfalls auch wieder als PDF zum Download)

Einordnung: Die Inhalte dieses Fragebogens basieren auf der Forschungsarbeit von Kupsch, Schneewind und Reeb, die den Fragebogen entwickelt haben (Kupsch, Schneewind, & Reeb, 2009). Sie sind Pioniere im Bereich Work-Family-Balance im deutschsprachigen Raum und haben insbesondere Doppelverdiener mit Kind(ern) in den Blick genommen (Reeb, 2008). Ihre Forschungsarbeit in diesem Themenfeld ist heute noch aktueller und durch folgende Eckdaten gekennzeichnet:

* **Adaptive Strategien:** Hierbei handelt es sich um Strategien, die Paare ohne externe Hilfe anwenden können. Sie kommen dadurch ihren Zielen näher.
* **Kennzahlen:** Interviews mit 142 Paaren, die nach ihren subjektiven Erfolgsfaktoren für die Vereinbarkeit von Paarbeziehung mit Kind und Berufstätigkeit gefragt wurden. „Wie lautet Ihr ganz persönliches Rezept, um Beruf und Familie unter einen Hut zu bringen? Notieren Sie bitte in Stichworten, was Ihnen spontan dazu einfällt". Daraus ergaben sich 917 Stichworte, die zu 11 Kategorien zusammengefasst wurden.

✳ **Essenz:** In den Fragebogen wurden folgende sechs Erfolgsfaktoren für Beziehung, Erziehung, Arbeit und Freizeit integriert: 1. Gegenseitige Unterstützung in der Partnerschaft, 2. Strategien für das Wohlbefinden, 3. Familienorientierung, 4. Trennung zwischen Beruf und Familie, 5. Gelassenheit und Flexibilität, 6. Planung und Zeitmanagement. Die Fragen dazu kannst du im Folgenden selbst bearbeiten.

Der Fragebogen Work-Family-Balance ist auf Einzelpersonen, das Paar oder die Familie ausgerichtet. Es geht um die genaue Analyse der für die globale Zufriedenheit relevanten Faktoren. Treffend wird dieser Bereich mit dem Begriff der adaptiven Strategien beschrieben. Diese bezeichnen „Einstellungen, Anstrengungen und Verhaltensweisen, die es Familien ermöglichen, externen Anforderungen gerecht zu werden und dabei interne Ziele zu erreichen" (Bowen, 1998). Dem gegenüber stehen maladaptive Strategien, bei denen es vor allem um Ablenkung geht. Mein Ziel ist es, dich bzw. euch für die adaptiven Strategien zu gewinnen, also für eine ehrliche Betrachtung deiner bzw. eurer Situation und der daraus entstehenden Möglichkeiten, sich weiterzuentwickeln.

Work-Family-Balance ist eine anspruchsvolle Herausforderung, die vielfältig und wechselseitig (Privat -> Job, Job -> Privat) beeinflusst wird. In einer gleichberechtigten Paarbeziehung mit Kind(ern) (als Doppelverdiener oder auch zeitweise mit einem einzigen Verdiener) kommen die Anforderungen der nachfolgenden Kompetenzen – in meiner Betrachtung – einer zusätzlichen Ausbildung bzw. Fremdsprache gleich. Zwar bilden sich die Kompetenzen in Teilen innerhalb der Persönlichkeitsentwicklung heraus und werden im Beruf und in Paarbeziehungen ebenfalls benötigt, jedoch haben sie nicht annähernd die Bedeutung wie in einer Familie. Warum ich das so drastisch formuliere? Weil in einer Familie alle Mitglieder untereinander eine hochintensive emotionale Beziehung haben. Das gibt es in keinem anderen Setting und das macht es so anspruchsvoll, ausgeglichen, empathisch, verantwortungsvoll, humorvoll und anerkennend zu sein und zu bleiben. Du befindest dich demnach in der Champions-League der Gefühle und Bedürfnisse.

Als inhaltliche Einstimmung auf den Fragebogen beschreibe ich im Folgenden die sechs Faktoren, zu denen du im Fragebogen jeweils circa sieben Fragen gestellt bekommst.

1. Gegenseitige Unterstützung in Partnerschaften (dyadisches Coping). Die Betonung liegt hier auf dem gemeinsamen und gegenseitigen Bewältigungsprozess. Dabei geht es um verbale und nonverbale Stresssignale, die durch Reaktionen des Partners beantwortet werden und umgekehrt. Hilfreich ist demnach der häufige Austausch über das, was jedem wichtig ist. Wenn diese Grundlage der Kommunikation gut gelingt und beide Partner eine Stimmigkeit darin erleben (Häufigkeit, Dauer, Intensität, Gesehenwerden), entsteht das wertvolle Gefühl, unterstützt zu werden. Hinzu kommt hier die Ausgewogenheit zwischen den Partnern.

2. Wohlbefinden im Freizeitbereich (hedonistisches Repertoire). Dieser Faktor umfasst Bereiche und Tätigkeiten, die aktiv Ausgleich herstellen: Leidenschaften, Hobbys, Sport, Entspannung. Auch Unternehmungen als Paar (ohne Kind(er)), die die Paarqualität erlebbar machen, gehören in diesen Bereich. Reeb ordnet ebenfalls die soziale Unterstützung hier ein (Reeb, 2008). Sie kann einerseits „eingekauft" werden (z. B. in Form einer Haushaltshilfe), benötigt andererseits bei Freunden und Nachbarn ein ausgewogenes Verhältnis von Geben und Nehmen.

3. Familienorientierung. Dieser Faktor repräsentiert, inwieweit Familie als Bereicherung gesehen wird und Stolz vorherrscht, in der gewählten Familienform zu leben. Dabei wird betont, ein Bewusstsein über das im Leben wirklich Wichtige erlangt zu haben. (Kupsch, Schneewind, & Reeb, 2009). Facetten, wie Humor und Freude, Zeit für Kinder und die volle Aufmerksamkeit für familiäre bzw. haushaltsrelevante Themen gehören zu wirksamen adaptiven Strategien innerhalb der Familienorientierung.

Darf's auch etwas leichter sein?

4. Trennung zwischen Beruf und Familie.
Dieser Faktor ist in der heutigen Zeit deutlich schwerer zu realisieren (durch bspw. Homeoffice, Smartphone, Videokonferenzen, Social Media). Er gewinnt aber vor allem in Verbindung mit dem Thema Achtsamkeit (sich dem Moment widmen) zunehmend an Bedeutung. Es braucht demnach ein geschultes Bewusstsein, in welcher Rolle man gerade agiert. Ziel ist es, sich trotz zwei bis drei aktiver Rollen auf eine Aktion pro Person mit Kopf und Herz konzentrieren zu können. Außerdem soll verhindert werden, dass der eine Bereich den anderen durch Stress beeinflusst (negativer Spillover).

5. Gelassenheit und Flexibilität. Hierbei geht es besonders um die Fähigkeit, vom aktuellen Plan (sowohl im Arbeits- als auch im Familienkontext) abzuweichen, falls es nötig wird oder eine Störung auftaucht, und Abstand vom eigenen Antreiber (z. B. Perfektionismus) zu nehmen. Besonders wirksam für diesen Faktor sind Achtsamkeitstechniken (z. B. regelmäßige Atembeobachtung).

6. Planung und Zeitmanagement. Werden Eltern nach Stressoren gefragt, wird häufig von mangelnder Zeit gesprochen, alles im Alltag unterzubringen. Unter Zeitknappheit werden Instrumente wie Planung, Zeitmanagement und Kontrolle wichtig. Dabei kann leicht der Eindruck entstehen, in einem ähnlichen Terminkalender gefangen zu sein wie im Job. Ohne einen Kalender lässt sich eine faire Aufteilung wichtiger To-dos jedoch heute kaum noch realisieren.

Anleitung zur Nutzung des Fragebogens. Ich gehe davon aus, dass du deine:n Partner:in mittlerweile zur Betrachtung eurer aktuellen Work-Family-Balance motivieren konntest. Nehmt euch 15 bis 20 Minuten Zeit, um – jeder für sich – vielleicht bei einer Tasse Tee den Fragebogen auszufüllen. Beim anschließenden Austausch widmet ihr euch bitte jeweils nur der Betrachtung eines Faktors. Einer fängt an, seine Ausprägungen zu beschreiben. Der andere hört nur zu. Danach ist der andere dran. Sollten eure Antworten sehr ähnlich ausfallen, ist ein gemeinsamer lockerer Austausch zu einem Faktor möglich. Unterscheiden sich eure Einschätzungen deutlich voneinander, gilt es, die andere Sicht mit dem Herzen zu achten. Sprecht möglichst kurz von euch und euren Gefühlen und Gedanken, die zu den Fragen entstehen, und hört euch gegenseitig zu. Jetzt braucht es noch keine Lösungen. Eine Nacht darüber schlafen und dann in Ruhe darüber sprechen, ist eine erprobte Strategie.

Test zu Work-Family-Balance

Wie zutreffend sind die folgenden Aussagen? Jede Frage wird auf einer sechsstufigen Skala zwischen „trifft gar nicht zu" bis trifft „völlig zu" angekreuzt.

Gegenseitige Unterstützung in Partnerschaften (Dyadisches Coping)

1. Ich bin zufrieden mit der Unterstützung meines Partners und der gemeinsamen Stressbewältigung.

2. Ich empfinde die Unterstützung meines Partners und unseren gemeinsamen Umgang mit Stress als wirksam.

3. Wir versuchen, Probleme gemeinsam zu bewältigen.

4. Wir sprechen miteinander und tauschen unsere Gefühle aus.

5. Wenn einer von uns berufliche Probleme hat, versuchen wir, uns gegenseitig den Rücken freizuhalten.

6. Wir setzen uns ernsthaft mit einem Problem auseinander und analysieren, was zu tun ist.

7. Wir entspannen uns gemeinsam, z. B. durch Spazieren gehen oder zusammen Musik hören.

8. Wir nehmen uns regelmäßig Zeit für gemeinsame Familienunternehmungen.

Wohlbefindensstrategien im Freizeitbereich (Hedonistisches Repertoire)

9. Ich nehme mir die Zeit, meinen persönlichen Interessen nachzugehen.

10. Ich unternehme in Absprache mit meinem Partner regelmäßig etwas ohne meine Familie (z. B. Cafébesuch, Kino, Fitness).

11. Im Interesse meiner Familie habe ich meine eigenen Bedürfnisse eingeschränkt (z. B. Hobbys, Treffen mit Freunden etc.).

12. Ich habe jeden Tag etwas Zeit nur für mich.

13. Mein Partner und ich verbringen bewusst Zeit zu zweit ohne Kind(er).

14. Mein Partner und ich planen auch mal eine größere Unternehmung ohne unser Kind bzw. unsere Kinder (z. B. mindestens einmal im Jahr ein kinderloses Wochenende).

Familienorientierung

15. Es erfüllt mich, die Entwicklung meines Kindes bzw. meiner Kinder mit anzusehen.

16. Zeit mit meiner Familie zu verbringen, bereitet mir Freude.

17. Trotz der Doppelbelastung ist die Familie eine Bereicherung für mich.

18. Beruf und Familie unter einen Hut zu bringen ist eine Leistung, auf die ich zu Recht stolz sein kann.

19. Durch die Doppelrolle habe ich ein klareres Bild davon bekommen, was mir wirklich wichtig ist.
20. Es erfüllt mich mit Befriedigung, wie ich die Anforderungen von Beruf und Familie meistere.
21. Aufgrund der Erfahrungen der Doppelrolle nutze ich meine Zeit bewusster (z. B., indem ich weniger fernsehe).

Trennung zwischen Familie und Beruf

22. Ich trenne klar zwischen Beruf und Familie.
23. Ich nehme selten Arbeit mit nach Hause.
24. Beruflichen Stress bringe ich nicht mit nach Hause.
25. Sobald ich von der Arbeit nach Hause komme, bin ich ganz für meine Familie da.
26. Stress aus der Familie bringe ich nicht mit in die Arbeit.

Gelassenheit und Flexibilität

27. In den meisten Alltagssituationen kann ich gelassen reagieren.
28. Mich kann so leicht nichts aus der Ruhe bringen.
29. Auf Abweichungen vom ursprünglichen Plan kann ich mich schnell einstellen und entsprechend reagieren.

30. Ich besitze die Fähigkeit, mich auf verschiedenste Situationen in Familie und Beruf flexibel einzustellen.
31. Wenn ich Familie und Beruf unter einen Hut bringen will, ist es für mich auch in Ordnung, dass nicht alles, was ich tue, perfekt ist (z. B. Haushalt).
32. Ich kann Aufgaben delegieren, wenn sie mir zu viel werden.

Planung und Zeitmanagement

33. Wir planen den Alltag in unserer Familie vorausschauend.
34. Ich spreche mich regelmäßig mit meinem Partner über den Tagesablauf ab.
35. Es gibt in unserer Familie einen klar geregelten Tagesablauf.
36. Bei der Organisation unseres Alltags sind mein Partner und ich ein eingespieltes Team.
37. Ich kann den benötigten Zeitaufwand für bestimmte Tätigkeiten realistisch einschätzen.
38. Wir haben Arbeit und Wohnort bewusst in räumlicher Nähe gewählt.
39. Um Zeit zu sparen, erledige ich, wenn ich unterwegs bin, gleich mehrere Dinge auf einmal (z. B. Einkaufen, Arzt-Besuch, Behördengänge etc.).

Darf's auch etwas leichter sein?

Bei der Auswertung geht es um die Positionierung zu den einzelnen Fragen und den anschließenden Austausch über eure individuellen Sichtweisen. Es gibt keine Summen, Benchmarks oder Bewertungen zu diesem Test. Das Wesentliche ist, die eigene Zufriedenheit oder Unzufriedenheit zu erkennen und zu artikulieren. Aus eurem Austausch werden bestimmt Wünsche entstehen, die ihr gemeinsam in eine passendere Form der Lebensgestaltung einbeziehen könnt.

Wenn ihr sehr unterschiedliche Betrachtungen oder Ziele identifizieren solltet, kann es hilfreich sein, dass ihr euch durch einen „unparteiischen" Moderator, Coach oder Paartherapeuten begleiten lasst. Aus meiner Erfahrung mit eigenen Herausforderungen und als Coach für Paare kann ich nur dazu raten, sich professionelle Unterstützung einzukaufen. Das ist sinnvoll investiertes Geld. Besonders die „Übersetzung" von emotional aufgeheizten Äußerungen unterstützt dabei, die gegenseitige Empathie aufrechtzuerhalten.

Deine Arbeit mit diesem Buch. Den Work-Family-Balance-Test findest du im Kurs als PDF zum Ausdrucken und handschriftlichem Ausfüllen.

Der QR-Code führt dich direkt zu allen Mini-Postern, Arbeitsblättern und Tests.

2.3.2 Beziehung

Im Zusammensein von Menschen sind bewusste Äußerungen und Handlungen eher selten. Es sei denn, du und dein/e Partner:in erlebt gerade eine Zeit ohne Stress, mit viel Ausgleich und bewusster Selbstwahrnehmung. Wie ich im Kapitel „2.2.2 Stress verstehen" gezeigt habe, sind unsere gesammelten Lebenserfahrungen, Prägungen, Antreiber und Glaubenssätze sowohl in unserem Gedächtnis als auch in Mustern in unserem Unterbewusstsein und sogar im Körper gespeichert. Dieser riesige Lebenserfahrungsschatz bildet die Regeln für unser Denken und Handeln. Ja, es ist sogar ökonomisch, dass wir nicht jede kleine Handlung im Geiste abwägen, sondern relativ leicht aktiv sind und unser „Programm" abspulen können. Hinzu kommt, dass sich mit zunehmendem Stresspegel unser Blick verengt und das gelernte Denken und Bewerten die Steuerung von Sprache und Handlungen stärker übernimmt. Wir scheinen dann keine Wahl mehr zu haben und finden erst wieder in einer anschließenden Entspannung den Ausstieg aus diesem „Programm".

Auch wenn wir ständig denken und uns dabei ja irgendwie wahrnehmen, braucht es echte Stopps, um uns aufmerksam beobachten zu können. Es ist ein bisschen so, als müssten wir den Fuß in die Tür bekommen, um den Autopiloten zu stoppen. Der Begriff der Metaebene beschreibt es auch gut. Du beobachtest dich selbst beim Sprechen und Handeln.

Ein Beispiel. Dein Kind spielt beim Essen mit dem Wasserglas und einem Löffel. Was denkst du dabei? Hypothese: „Oh nein, nicht schon wieder ein umgekipptes Glas, Aufwischen etc." Ich vermute, dass dabei leichter Ärger entsteht, weil du einfach nur in Ruhe dein Essen genießen möchtest. Die Wahrscheinlichkeit, dass dein Gehirn diese Situation bewertet, ist recht groß, nach dem Stil. „Muss das sein? Kann dieses Kind nicht aufpassen und ruhig essen?" Dein Unterbewusstsein schaut dabei nur auf deine eigenen Bedürfnisse.

Perspektivwechsel: Das Kind experimentiert gerade und folgt einer spannenden Frage, bspw. „wie kann der Löffel quer über dem Glas positioniert werden, ohne ins Glas zu rutschen?" Was könntest du in dir und deiner Betrachtung weiten, um entspannt und unterstützend auf die kindliche experimentelle Handlung zu schauen? Vielleicht hilft dir ein Blick auf deinen Hauptantreiber dabei weiter.

Ich möchte dir verdeutlichen, dass Beobachtungen meistens an direkte Bewertungen gekoppelt sind. Es ist deine Aufgabe als Partner:in, Elternteil, Mitarbeiter:in, Führungskraft oder Lehrer:in, dein „Urteil" zu hinterfragen. Das geht nur mittels der Metaebene. Das kostet Energie, denn es ist anstrengend, ein allparteilicher Mensch auf Augenhöhe zu sein. Das entspricht nicht unseren ökonomischen Programmen, denn wir verbringen die meiste Zeit unseres Wachzustandes im Autopilot.

Unsere „Programmierung" erschwert es uns, achtsam mit anderen Menschen und ihren individuellen Bedürfnissen umzugehen. Wie kann es nun gehen, dass du die nötige Bewusstheit einnimmst, trainierst und in deinen Alltag integrierst? Erst jetzt können wir uns dem Begriff der Haltung zuwenden. Durch Stopps, bei denen du dich mit deiner Bewertung hinterfragst, lernst du langsam, aber stetig, andere Ansichten, Meinungen und Bedürfnisse anzunehmen. Du prüfst dabei deine Sicht auf die Dinge, bevor du agierst oder sprichst. Das ist mit Achtsamkeit gemeint. Daraus entsteht ein toleranter Blick auf das Leben, das du beobachtest.

Unterstützungen für einen wohlwollenden Blick:

* täglich 7-10 Minuten deinen Atem beobachten (Sitzmeditation)
* Versorgung mit Nahrung und Wasser, um einen niedrigen Blutzuckerspiegel zu vermeiden (macht aggressiv)
* Pausen kultivieren, von der 30 Sekundenpause bis hin zu erholsamem Schlaf
* freudvolle Leidenschaft für das pflegen, wofür es sich zu Leben lohnt
* Feedback kultivieren, geben und holen
* und sich immer wieder die Frage stellen: „Ist es wirklich so, wie ich denke?"

Darf's auch etwas leichter sein?

Abbildung 19: Erfolgsfaktoren für eine gute Beziehung

Wie du merkst, verbinden sich die unterschiedlichen Themen dieses Buchs zunehmend. Inzwischen hast du ein Bild davon gewonnen, wie du – als Paar mit Kind(ern) – einem bewussten Leben auf Augenhöhe näherkommen kannst. Du als Vater/Mutter und Führungskraft trägst größere Verantwortung für andere Menschen. Diese Verantwortung bringt es mit sich, dass du dich intensiver mit dir und deinen Mustern auseinandersetzen solltest, um ihr gerecht zu werden. Das kann jede:r lernen, wie du siehst. Es kostet allerdings Mut, Energie und Überwindung. Der Lohn dieser inneren Arbeit liegt aus meiner Sicht in den vielen glücklichen Momenten des Lebens, in denen du

- ✳ das Strahlen eines von dir erkannten Menschen erlebst
- ✳ du dir im Spiegelbild zulächelst, weil du für deine Bedürfnisse gegangen bist
- ✳ Dankbarkeit und Entspannung von Menschen im Kontakt mit dir erlebst
- ✳ Qualitätszeit ohne Abarbeiten von To-dos erlebst
- ✳ in dir ruhst und dich richtig und geliebt fühlst
- ✳ einen wichtigen Beitrag leistest, egal in welchem Kontext
- ✳ weniger für deine Überzeugungen kämpfen musst, weil sie sichtbar sind
- ✳ dir immer mehr selbst genügst, dich anerkennst und das ausstrahlst

Ich habe beim Schreiben dieses kleinen Kapitels selbst immer wieder innegehalten und mich gefragt, ob ich das so schreiben kann. Mir wird häufig entgegnet, dass die Zwänge halt so groß seien und es schon irgendwann wieder leichter würde. Die allgemeinen Standards zu unserer Lebensweise nötigen uns regelrecht zu einem teuren Lebensstil, für den beide Partner voll arbeiten müssen. Aus Paarperspektive möchte ich dich heute (Anfang 2023) zu deutlichen geringeren finanziellen Investitionen ermuntern. Je kleiner euer Finanzbudget ausfällt, desto beweglicher seid ihr bei der flexiblen und gleichberechtigten Zeit- und Aufgabeneinteilung. Der aktuell große Bedarf an Fachkräften aller Art macht es euch etwas leichter, genau die

Unternehmen zu finden, die sowohl familienfreundlich als auch nachhaltig aufgestellt sind. Und das darf meine Generation von euch lernen, den Bruch mit den überholten blind schuftenden Karrierevorbildern der heute 50- bis 65-Jährigen.

2.3.3 Mental Load

Die Aufteilung der Sorgearbeit (Mental Load) ist ein bei Paaren heiß diskutiertes Thema. „Fakt ist auch, dass hierzulande eine steigende Tendenz zum Erwerbsmodell ‚Mann Vollzeit – Frau Teilzeit' bei Familien mit kleinen Kindern zu beobachten ist" (Reeb, 2008). Was hat das für Konsequenzen? Derjenige – korrekterweise diejenige – die einen geringeren Stundenumfang im Bereich der Erwerbsarbeit leistet, übernimmt auch den allergrößten Teil der Sorgearbeit. Johanna Lücke beschreibt das sehr eindrücklich in ihrem Mental Load-Test mit folgenden Worten: „Die Fürsorge für ein Kind, das weder zur Kita noch in die Schule geht, ist ein Vollzeitjob. Doch während das erwerbstätige Elter X nach der 40-Stunden-Woche nach Hause kommt und mit der Arbeit ‚fertig' ist, geht der Job von Elter Y täglich von (beispielsweise) 6 bis 20 Uhr (und ggf. auch nachts noch weiter), was mindestens einer 98-Stunden-Woche entspricht. Die Aufteilung ‚Erwerbsarbeit' und ‚Kind(er)' ist daher per se nicht 50:50" (Lücke, 2022).

Experiment: Erinnere dich bitte an die Zeit, als du und dein:e Partner:in zusammengezogen seid. Ich vermute, da hat die Arbeitsaufteilung noch halbwegs ausgewogen funktioniert? Notiere dir die damalige Aufteilung eurer Sorgearbeit in deinem

Journal und betrachte danach die aktuelle Aufteilung (auch im Journal). Ich vermute, dass ihr jetzt eurer Erwerbsarbeit mit unterschiedlichem Umfang nachgeht, ein bis zwei kleine Kinder habt und du als Mutter für deutlich mehr Sorgearbeit zuständig bist?

Um dir ein Bild vom Umfang von Sorgearbeit zu geben, liste ich die Bereiche auf, die im Mental Load-Test von Johanna Lücke dazu unter die Lupe genommen werden. Du kannst dir den Test als PDF unter folgendem Link laden[6] und bearbeiten:

- ✳ Haushalt
- ✳ Kita/Schule/Pflegeeinrichtung
- ✳ Kleidung
- ✳ Schlaf und Beziehung(-spflege)
- ✳ Gesundheit und Körperpflege
- ✳ Geburtstage und Feste
- ✳ Fuhrpark
- ✳ Freizeit
- ✳ Ergänzungen

Na, merkst du was? Da kommen schnell 100 Wochenstunden zusammen. Mir geht es auch in diesem Kapitel um das Ziel, dass ihr wieder auf Augenhöhe kommt. Da sich jeder Mensch mit den eigenen Fähigkeiten dort einbringt, wo sie/er hilfreich wirksam ist, sind alle Themen rund um Work-Family-Balance wichtig und brauchen eine gleichberechtigte Beachtung und

---

[6] Link zum Test für Mental Load & Equal Care: https://equalcareday.de/mental-load-home-de.pdf

Wertschätzung. An dieser Stelle möchte ich mich jedoch auf die Erwerbs- und Sorgearbeit beschränken.

Mein Standpunkt: Arzttermine für Kinder zu organisieren und zu begleiten ist genau so viel wert, wie Meetings im Job zu moderieren. Die Haltung, wie bspw. unterschiedliche Tätigkeiten bewertet bzw. anerkannt werden, ist einer der zentralen Erfolgspfeiler einer gelingenden Paarbeziehung (egal ob mit oder ohne Kinder). Du siehst hier wieder die Verbindung zum vorangegangenen Kapitel „2.3.2 Beziehung".

Im Prinzip bräuchten du und dein:e Partner:in nur alle Tätigkeiten in einen Topf werfen und dann anfangen, sie gleichberechtigt aufzuteilen. Dabei muss nicht zwangsläufig ein Verhältnis von 50:50 herauskommen, was auch Johanna Lücke betont (Lücke, 2022), sondern die innere Stimmigkeit der Zuständigkeiten und einen regelmäßigen Austausch darüber, ob es noch passt. An dieser Stelle möchte ich noch auf das innovative und unterhaltsame Buch für die Gleichberechtigung im Familienalltag „Auch Männer können bügeln" hinweisen (Rodsky, 2020). Was ich dort so passend finde, sind die vier einfachen Regeln, nach denen die Autorin Aufgaben verteilt: „Die Zeit jedes Partners ist gleich viel wert. Sie haben ein Recht darauf, interessant zu sein. Beginnen Sie jetzt und heute. Legen Sie gemeinsame Regeln und Standards fest." (Rodsky, 2020)

Das dazu passende Karten-Set Fair Play kannst du hier kostenlos runterladen[7]. Es hilft dir/euch in den Austausch zu kommen und eine passendere Aufteilung vorzunehmen, und zwar für die folgenden Bereiche: Zu Hause, außer Haus, Betreuung, Magie, Ereignisse und Einhornzeit.

---

[7] https://www.droemer-knaur.de/fairplay

Das Bedürfnis nach Erholung und Pause ist in deiner aktuellen Lebensphase mit kleinem Kind/kleinen Kindern stark ausgeprägt und kommt in den allermeisten Fällen zu kurz. In meiner Beobachtung der Realisierung von Pausen kommen Männer meist besser weg, weil sie es schaffen, To-dos eher liegen zu lassen. Da darf sich jede:r an die eigene Nase fassen und die dahinter liegenden Antreiber untersuchen. Eine Frage, die ich mir immer wieder stelle, ist: „Muss das jetzt sein? Muss das jetzt wirklich sein?"

Darf's auch etwas leichter sein?

3 | Arbeitsbereich: Werde zur bestmöglichen Führungskraft

„Bist du noch Held:in oder schon König:in?"

Roberts Kernstatement Nr. 4

Darf's auch etwas leichter sein?

3 | Arbeitsbereich: Werde zur bestmöglichen Führungskraft

Warum empfinden viele junge Führungskräfte den Arbeitsbereich als so „erholsam", im Vergleich zur Sorgearbeit im Haushalt und mit Kind(ern)? Ist das bei dir auch so? Betrachte mal die Bedürfnisse, die durch deine Erwerbsarbeit erfüllt werden, und notiere sie in deinem Journal. Ich vermute, dass Bedürfnisse, wie Gestaltung, Anerkennung, Wirksamkeit, finanzielle Sicherheit, Kommunikation, Entwicklung oder Verantwortung dabei sein könnten. Ich möchte an dieser Stelle die beiden Bedürfnisse „Wirksamkeit" und „Anerkennung" herausstellen. Sie nähren die menschlichen Grundbedürfnisse nach Sinnhaftigkeit und danach, mit dem gesehen zu werden, was dir wichtig ist. Sicherheit, Wertschätzung und dein Impact sind somit zentrale Bedürfnisse, mit denen ein Setting als freudvoll oder „weiter so, das lohnt sich" empfunden werden.

Du wirst auch das Gegenteil davon kennen, wenn du mutlos, frustriert und verärgert bist. Ich vermute, dass dieser Zustand immer dann auftaucht, wenn deine Werte bzw. eines deiner Top-Drei Bedürfnisse zu kurz kommen. Auch hier möchte ich dich ermuntern, es nicht auszuhalten, sondern das anzunehmen, was du nicht ändern kannst, und den Rest mutig zu verändern.

Darf's auch etwas leichter sein?

Gehe für deine Überzeugungen. Ich zeige dir in den folgenden Abschnitten

* die Erfolgsfaktoren für Zufriedenheit im Job,
* die Verbindung der Qualitäten von weiblichem und männlichem Führungsstil und
* wie du dich abgrenzen kannst und gleichzeitig die Verbindung hältst.

In diesen drei Kapiteln skizziere ich dir die Struktur moderner Führung. Sie baut auf deiner Persönlichkeitsentwicklung auf, die wir in den ersten Kapiteln thematisiert haben, und ist deren Fortführung. Es gibt aus meiner Sicht zwei Richtungen, die du mit der Bearbeitung in diesem Teil des Buches erzielen wirst. Entweder gewinnst du immer stärker den Eindruck, dass du freudvoll wirksam bist, weil die Klarheit, Verbindlichkeit und Menschlichkeit, die du ausstrahlst, bemerkt und auf die gleiche Weise beantwortet wird. Oder der Gegenwind, den du mit deinen Statements und deiner Arbeitsweise erzeugst, wird so stark, dass du dich fragst, ob du hier noch richtig bist.

Beides finde ich hilfreich für dich und deine Entwicklung, damit du selbst entscheiden kannst, womit und mit welchen Menschen du deine Lebenszeit verbringen willst. Dein bewusstes und reflektiertes Handeln ist auch hier – im Bereich der Personalverantwortung – extrem gefordert.

3.1 Führung in hybriden Welten: Die neue Realität

Spätesten seit Corona und den umfangreichen Home-Office-Zeiten weiß jede Führungskraft, was es bedeutet, das Team nicht mehr jeden Tag im Büro anzutreffen. Die Anforderungen an deine Führungsarbeit sind damit sprunghaft gestiegen. Warum? Weil die regelmäßige Begegnung, Kommunikation und Einschätzung der allgemeinen Verfassung deiner Mitarbeiter:innen seltener und damit herausfordernder geworden ist. Was übrigens nicht bedeutet, dass Home-Office und Remote-Arbeit nicht wirksam sind. Es gibt sogar echte Vorteile im Bereich der Sorgearbeit, Ruhe am Arbeitsplatz und eigenen Tagesgestaltung, die ich absolut befürworte. Nur die Aufrechterhaltung der regelmäßigen Kommunikation zwischen einzelnen Mitarbeiter:innen, dem Team und dir als Führungskraft stellt höhere Anforderungen an dich. Im übernächsten Kapitel „3.3 Collaborations-Tools: Werkzeuge, um im Kontakt zu bleiben" schauen wir uns an, mit welchen Werkzeugen du diese Verbindung aufrechterhalten kannst.

In diesem Kapitel betrachten wir die inneren Aspekte von Führung. Sie stellen aus meiner Sicht das Herzstück moderner Führung dar. Dabei geht es um deine Werte, Haltung und Reflexionsmöglichkeit, sprich um deinen Entwicklungszustand. Das hört sich jetzt vielleicht beängstigend an, nach dem Motto: „Werde ich nun bewertet?" Doch mir gefällt diese Betrachtungsweise, weil sie mir eine Orientierung liefert, wo ich mich aktuell befinde und wohin ich mich weiterentwickeln möchte. Es gibt da aus meiner Sicht keinen Benchmark, den eine Führungskraft erreichen sollte. Es ist allerdings vorteilhaft, wenn du als Führungskraft auf einer höheren Entwicklungsstufe als deine Mitarbeiter:innen bist. Das gibt dir die Chance, dein Team sowohl zu fördern als auch zu fordern.

Um dir eine Übersicht zu dem Begriff des Entwicklungszustandes zu geben, findest du in der folgenden Tabelle die von mir verdichteten und zusammengefassten Entwicklungsstufen nach Jane Loevinger (Loevinger, 1998).[8]

Stufen	Kennzeichen
E3 selbstorientiert	eigener Vorteil, kurzfristig, Feedback abweisend
E4 gemeinschaftsbestimmt	Regeln, Loyalität, Kategorien, Schuld
E5 rationalistisch	Tellerrand, Prinzipien, feste Vorstellungen, Effizienz
E6 selbstbestimmt	hinterfragen eigene Sichtweisen, Empathie
E7 relativierend	eigene Werte/Ziele, Respekt vor indiv. Unterschieden
E8 systemisch	systemisches Erfassen, persönliche Weiterentwicklung
E9 integriert	Bewusstheit zu eigenem Aufmerksamkeitsfokus

Tabelle 1: Entwicklungsstufen

---

[8] Für eine ausführlichere Betrachtung empfehle ich dir das Buch von Svenja Hofert: Agiler Führen, S. 66-71 (Hofert, 2018).

3.1.1 Salutogenese und New Work

Lass uns einmal schauen, was es für dich bedeutet, Führungskraft zu sein. Trifft es für dich zu, dass du für die Arbeitsfähigkeit deines Teams verantwortlich bist und du folgende Punkte maßgeblich gestaltest?

- Arbeitsprozesse, Abläufe
- Kommunikation, Abstimmung, Schlichtung
- Verteilung, Delegation
- Beteiligung und
- Stimmung

Du trägst einen größeren Teil der Verantwortung für eure Teamleistung und Arbeitszufriedenheit. Deshalb wird dein Job auch etwas besser bezahlt. Neben deiner fachlichen Expertise benötigst du dafür Kommunikationsfähigkeit, ein Grundverständnis menschlichen Handelns und Arbeitsmethoden. Ist es aus deiner Perspektive in der heutigen Zeit erlaubt, eure Aufgaben kreativ in eine passende Richtung zu gestalten?

Im Kapitel „2 Dein privater Bereich: Lebe bewusst" habe ich das Modell der Salutogenese bereits vorgestellt. Im Bereich der systemischen Faktoren (s. Abbildung 4: Salutogenese-Modell, rechte Seite), die deine Zufriedenheit, Gesundheit und Leistungsfähigkeit beeinflussen, möchte ich nun mit dir differenzierter auf die Verstehbarkeit, Bewältigbarkeit und Sinnhaftigkeit eingehen. Genau hier liegt nämlich das größte Gestaltungspotenzial für dich als Führungskraft, Projektleiter:in, Productowner, Scrummaster etc. Wenn du diese drei Faktoren bewusst in deine täglichen Überlegungen, Handlungen und deine

Kommunikation mit deinen Mitarbeiter:innen integrierst, bedienst du sowohl deine eigenen Bedürfnisse als auch die deiner Mitarbeiter:innen und deines Systems (Firma, Verein, Behörde etc.). Schau dir die Kennzeichen der Kohärenz (= innerer Zusammenhalt) in der folgenden Auflistung an:

- **Verstehbarkeit:** Alles, was geschieht, ist letztlich erklärbar und in einen größeren Zusammenhang einzuordnen.
- **Bewältigbarkeit:** Schwierige Situationen, Krisen und Probleme können grundsätzlich gemeistert werden.
- **Sinnhaftigkeit:** Das Leben ist jede Mühe wert – es trägt zur ideellen Bereicherung bei. Es lohnt sich. Das Leben ist schön.

Um deinen Teil als Führungskraft zum Aufbau einer Vertrauenskultur zu gewährleisten, braucht es einen Rahmen, in dem diese wachsen kann. Dann, und nur dann, entsteht die Atmosphäre, in der sich deine Mitarbeiter:innen mit dem zeigen können, was sie denken, fühlen und einbringen können. Kreative Kooperation von Menschen in Gruppen braucht diese sichere Arbeitsumgebung. Und damit meine ich nicht die Sicherheit, für die sich dein Arbeitsschutz einsetzt, obwohl psychische Gefährdungsbeurteilungen mittlerweile ein fester Bestandteil davon sind. Ich meine eher die Umsetzung von Verstehbarkeit, Bewältigbarkeit und Sinnhaftigkeit in Kombination mit einer Beziehungsebene, die deinem Team den Rücken stärkt. Kreativität braucht heute fast jede Arbeitsgruppe, um passende Lösungen zu finden.

Frage dich an dieser Stelle bitte, womit dein Führungsstil konkret dazu beiträgt, dass deine Mitarbeiter:innen Vertrauen zu dir aufbauen und halten können. Das ist eine gute Aufgabe für dein Journal.

Ich möchte dir in der folgenden Abbildung das Zusammenspiel von dir als Führungskraft, deinen Mitarbeiter:innen und deiner Organisation verdeutlichen. Wer bringt was für den Aufbau einer Vertrauens-Organisation ein?

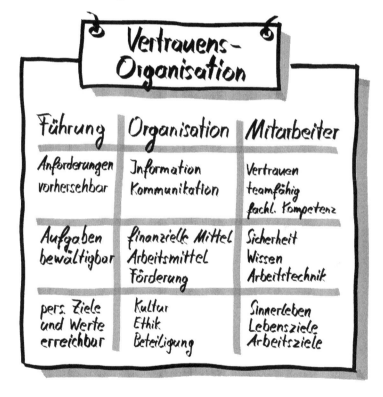

Abbildung 20: Merkmale einer Vertrauens-Organisation

Die Verbindung moderner Führung, Salutogenese und New Work liegt genau in der konkreten Umsetzung und Organisation von Zusammenarbeit, sprich im Grad der Selbstorganisation. Daher bitte ich dich, dir folgende Fragen im Journal zu beantworten:

- Wie stark beteiligst du dein Team an Entscheidungsprozessen?
- Wie viel Gestaltungsspielraum bekommen deine Projektteams?
- Welche Methoden lernen sie, um sich selbst dabei gut zu organisieren?
- Wieviel Vertrauen schenkst du ihnen und bietest gleichzeitig den Führungsrahmen, in dem sie sich sicher bewegen können und dadurch Halt bekommen?

Hier ergänzen und treffen sich Haltungen, die sich in agilen Methoden und euerem individuell abgestimmten Weg hin zu mehr Selbstorganisation zeigen. Auch wenn deine Organisation noch nicht so weit sein sollte, sich mit agiler Arbeit bzw. Führung zu beschäftigen, kannst du mittels der oben gestellten Fragen gemeinsam mit deinem Team ein Arbeitssetting gestalten, in dem Mitarbeiter:innen gerne arbeiten.

Was hält dein Team gesund und zufrieden?

Wie du bisher sehen konntest, geht es bei moderner Führung weniger darum, sämtliche Bedürfnisse deiner Mitarbeitenden zu erfüllen, damit es im Team läuft und Zufriedenheit entsteht. Vielmehr ist es wichtig, dass du dich selbst kennenlernst und an deinen Entwicklungsthemen (z. B. Antreiber) arbeitest, um mit dir ins Reine zu kommen. Das bewirkt, dass du dich deutli-

Arbeitsbereich

cher zeigst, ohne andere Sichtweisen abzuwerten. Du lebst deine Werte und fungierst als Vorbild, an dem sich dein Team, deine Vorgesetzten und deine Kunden orientieren können.

In der Abbildung 21 „Arbeitszufriedenheit & Leistungsfähigkeit" findest du zur bewussten Selbstführung auf der rechten Seite der Abbildung einige Anregungen (persönliche Ziele und Vorbild).

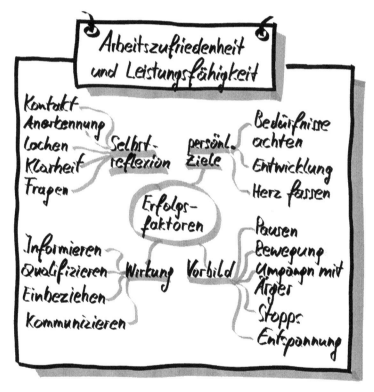

Abbildung 21: Arbeitszufriedenheit & Leistungsfähigkeit (modifiziert nach Anne K. Matyssek, 2000)

Darf's auch etwas leichter sein?

Auf der linken Seite der Abbildung 21 geht es um deine Wirkung als Führungskraft und deren Umsetzung im Führungsalltag. Ich habe hier Anregungen von Anne Katrin Matyssek und ihren Care-Prinzipien übernommen (Matyssek, 2003). Sie ist eine echte Expertin im Bereich gesundheitsbewusster Führung und hat sich stark am Salutogenese-Modell orientiert. Ich finde darin viele Aspekte von New Work wieder, obwohl sie ihr Care-Prinzip schon Anfang 2000 publiziert hat. Wir haben uns immer wieder gegenseitig in unseren gemeinsamen Workshops und Beiträgen inspiriert. Ich stelle mir als Führungskraft, Trainer, Coach und Vater häufig die Frage: „Wie sieht mein Beitrag aus?" Für dich als Führungskraft geht es dabei immer wieder um die Umsetzung der drei Kohärenzfaktoren:

Für dich als Führungskraft geht es dabei immer wieder um die Umsetzung der drei Kohärenzfaktoren:

✳ die Verstehbarkeit bei deinen Mitarbeiter:innen unterstützen. Kommunizieren, Mitarbeiter:innen in die Planung einbeziehen, Informationen geben

✳ die Bewältigbarkeit fördern. Ressourcen zur Verfügung stellen, qualifizieren, Prozesse optimieren

✳ die Sinnhaftigkeit stärken. Zu betrieblichen Belangen informieren, Mitarbeiter als Teil des Ganzen betrachten (Beteiligung)

Die Bedeutung der Kohärenz oder des inneren Zusammenhalts übersetze ich gerne folgendermaßen: Du bist zur richtigen Zeit mit deinen Fähigkeiten am richtigen Ort. Du bringst dich hilfreich und wirksam ein. Das wird gesehen und wertgeschätzt. Das hält dich gesund und erzeugt Freude. Wenn du das sowohl für dich als auch für deine Mitarbeitenden im Blick hast, entstehen Führung und Teamwork auf Augenhöhe und Menschen arbeiten gerne mit dir zusammen. Sie bleiben durchschnittlich länger im System.

Die folgenden Anregungen für dich in deiner Führungsrolle vervollständigen deinen großen Einflussbereich mittels deines Verhaltens. Du bist und bleibst die größte Arbeitsbedingung für deine Mitarbeiter:innen.

Selbstreflexion zu Care-Prinzipien:

- ✹ Gesprächsführung: Heute schon gefragt?
- ✹ Transparenz/Durchschaubarkeit: Heute schon für Klarheit gesorgt?
- ✹ Klima/Stimmung: Heute schon „Urlaub" gemacht?
- ✹ Belastungen/Ressourcen: Heute schon gelobt?
- ✹ Interesse/Aufmerksamkeit: Heute schon Kontakt gehabt?

Um dir noch ein wenig intensiver die Reflexion deines Führungsverhaltens zu ermöglichen, findest du hier einen überschaubaren Test zu deinem Führungsverhalten. Er stammt ebenfalls aus der Feder von Anne Katrin Matyssek.

Deine Arbeit mit diesem Buch. Diesen Test kannst du dir als ankreuzbaren Fragebogen in meinem Gratis-Kurs als PDF-Datei laden.

Der QR-Code führt dich direkt zu allen Mini-Postern, Arbeitsblättern und Tests.

Test zu gesundheitsförderlichem Führungsstil

Dieser Selbst-Check hilft dir herauszufinden, ob du einen gesundheitsförderlichen Führungsstil praktizierst. Dabei gestaltet sich die Punkteverteilung zu jeder einzelnen Frage folgendermaßen: 3 stimmt voll; 2 stimmt ziemlich; 1 stimmt eher nicht; 0 stimmt absolut nicht.

Notiere dir deine Antwortbewertung hinter jede Frage und addiere sie anschließend.

Anerkennung / Wertschätzung

1. Ich kenne die größte Stärke jedes/r meiner direkten Mitarbeiter:innen (bis max. 30 MA).
2. Ich lobe wesentlich öfter, als ich kritisiere.
3. Ich habe nur selten ein ungutes Gefühl, wenn ich eine Aufgabe delegiert habe (= ich denke nur selten: „Ob der/die Mitarbeiter:in das wohl richtig macht?").
4. Ich übertrage meinen Mitarbeiter:innen verantwortungsvolle Aufgaben und versuche dabei, ihren Handlungsspielraum zu erweitern.
5. Ich beteilige meine Mitarbeiter:innen an Entscheidungsprozessen.
6. Ich habe keine „Lieblinge", die ich bevorzugt behandle.

Interesse, Aufmerksamkeit, Kontakt

7. Ich beobachte meine Mitarbeiter:innen wohlwollend.
8. Veränderungen, wie z. B. eine neue Frisur, fallen mir in der Regel auf.
9. Ich bin immer genau über die Fehlzeiten in meiner Abteilung informiert.
10. Ich nehme persönlich Kontakt zu Mitarbeiter:innen auf, wenn sie länger krankgeschrieben sind (ca. ab zehn Tagen).
11. Ich führe grundsätzlich Willkommensgespräche mit jedem/r neuen Mitarbeiter:in.
12. Ich achte ganz bewusst auf sicherheitsgerechtes Arbeiten meiner Mitarbeiter:innen.

Belastungsreduzierung und Ressourcenaufbau

13. Ich bemühe mich, für meine Mitarbeiter:innen da zu sein und ihnen den Rücken zu stärken.
14. Meine Mitarbeiter:innen wissen, dass ich ihnen nicht in den Rücken falle und sie auch bei einer Panne nicht „im Regen" stehen lasse.
17. Ich erkenne immer genau, wann eine/r meiner Mitarbeiter:innen überlastet ist (z. B. weiß ich, wer auf Stress mit einem roten Kopf reagiert oder wer eher kalkweiß wird).

Darf's auch etwas leichter sein?

Gesprächsführung und Kommunikation

18. Ich bemühe mich, für meine Mitarbeiter:innen immer ein offenes Ohr zu haben, z. B. indem ich oft (mind. 1x pro Woche) durch die Abteilung gehe („walking around").

19. Ich habe in Gesprächen maximal 50 % Redeanteil.

20. Ich suche häufig (mind. 1x pro Monat) das Gespräch mit jedem/r Mitarbeiter:in – nicht nur in Beurteilungs- bzw. Mitarbeiterjahresgesprächen.

Transparenz und Durchschaubarkeit

21. Ich bemühe mich, alle Informationen über das Unternehmen und die Abteilung rasch weiterzugeben und damit „Wissensgefälle" zu vermeiden.

22. Meine Mitarbeiter:innen wissen genau, was sie tun und wie ich das finde: Ich gebe mindestens einmal im Monat Feedback.

23. Die Meinung meiner Mitarbeiter:innen ist mir wichtig.

24. Feedback funktioniert bei uns gegenseitig, d. h.

    a) meine Mitarbeiter:innen trauen sich, mich zu kritisieren

    b) meine Mitarbeiter:innen trauen sich auch, mich zu loben

Stimmung und Betriebsklima

25. Ich begrüße meine Mitarbeiter:innen morgens freundlich.

26. Ich ermutige meine Mitarbeiter:innen, ihren Arbeitsplatz persönlich zu gestalten.

27. Ich spreche nicht ironisch oder herablassend mit meinen Mitarbeiter:innen.

28. Ich versuche, angstreduzierend zu führen (Humor nutzen, ruhig sprechen etc.).

29. „Bitte" und „Danke" sind bei uns selbstverständlich. Schreien kommt nicht vor.

Gesamtpunktzahl: _____

Auswertung

Unter 30 Punkten: Du weißt es vermutlich selbst: Es gibt da noch große Baustellen, also – positiv ausgedrückt – recht viele Möglichkeiten, bei denen du ansetzen könntest, wenn du der eigenen Gesundheit und der deiner Mitarbeiter:innen etwas Gutes tun willst.

31 bis 60 Punkte: Du bist bereits auf dem rechten Weg, aber die gesundheitliche Wirkung deines Führungsverhaltens ist noch ausbaufähig: Du kannst noch mehr dafür tun, ein Chef oder eine Chefin zu werden, für den bzw. die man gerne (und damit: gut!) arbeitet. Bleibe dran – es lohnt sich!

Über 60 Punkte: Bravo! Deine Mitarbeiter:innen dürften sich freuen und belohnen dich vermutlich mit einer hohen Anwesenheitsquote. Du führst schon heute sehr mitarbeiterorientiert und hast den (gesunden!) Ehrgeiz, dieses Führungsverhalten noch weiter zu optimieren.

Agile Führung

Ich möchte gerne aus meinem Lieblingsbuch von Svenja Hofert zu diesem Thema zitieren, die eine so passende Definition zu „agiler führen" kreiert hat:

„Agiles Führen ist eine dynamische Haltung, ein Mindset, das Veränderungen als Dauerzustand begreift. Agile Führungskräfte sind beweglich, flexibel und fähig zur Transformation von Menschen, Teams und Prozessen. Sie begreifen Führung als Rolle, die definierte Aufgaben beinhaltet, anstatt Position oder Funktion. Agile Führungskräfte handeln prozess- und zielorientiert und fördern die Selbstorganisation von Gruppen durch permanente Teamentwicklung. Ziel sind Selbstverantwortung und Kreativität. Agile Führungskräfte transformieren damit Menschen und Prozesse" (Hofert, 2018).

Sie macht in ihrem Buch „Agiler führen" deutlich, dass es sich hierbei nicht um eine neue Managementtheorie oder ein neues Tool handelt, sondern um Arbeit an der eigenen Haltung. Das möchte ich unterstützen und mit dem vorliegenden Buch bekräftigen. Die eigentliche Arbeit liegt darin, deinen Bewusstheitsgrad zu vergrößern und dich auf den Weg zu machen, die nächste Entwicklungsstufe zu erreichen. Erst wenn du andere Ansichten und Bedürfnisse akzeptierst, weil du dir bewusst bist, dass jede:r aus ihrer/seiner individuellen Prägungsbrille auf die Welt schaut, eröffnen sich die vielfältigen Optionen der friedlichen und konstruktiven Kooperation. Marshall Rosenberg hätte das wahrscheinlich so formuliert: Setze deine Macht für und nicht gegen Menschen ein.

Der innere Disput zwischen deinen Bedürfnissen und den Bedürfnissen der Menschen in deinem Team darf dich nicht zermürben. Ich kann mir vorstellen, dass auch in deinem Kopf immer wieder Gedanken auftauchen, wie:

- „Muss das jetzt sein? Können die Mitarbeiter:innen nicht einfach mal mitmachen?"
- „Diese Befindlichkeitsschwankungen nerven ganz schön."
- „Hat dieser Mensch etwas gegen mich?"
- „Warum kann diese Gruppe das nicht selbst entscheiden?"
- „Warum sagt hier keine:r was im Meeting?"

Wie dir vielleicht auffällt, geht es in unserem Kopfkino häufig um das Verhalten anderer Menschen. Ganz besonders als Führungskraft richtet sich Kommunikation konzentrierter auf bzw. an dich, nach dem Stil: Regel du das für mich bzw. uns. Sich an dieser Stelle zu stoppen und aus verallgemeinernden Bewertungen herauszukommen ist deine Aufgabe. Und das braucht Energie, Bewusstsein und die Haltung, dass andere Meinungen die Bedürfnisse der anderen Menschen widerspiegeln und per se nicht falsch, sondern ganz menschlich sind.

Da sich die Rahmenbedingungen für Prozesse, Projekte etc. heutzutage schneller ändern, stört diese Geschwindigkeit das menschliche Bedürfnis nach Vorhersehbarkeit. Agil arbeiten und führen setzt sich genau mit diesem Umstand auseinander und etabliert Kommunikationsformen und Arbeitstechniken, die es Arbeitsgruppen erlauben, damit bewusster umzugehen. Ein Beispiel ist die wöchentliche Retrospektive. Hier folgt ein Moderator (Scrum Master) der folgenden Orientierung. Jede Meinung zählt. In kurzer Form sammelt ihr von jeder bzw. jedem ein Statement zu den drei Fragen: Was lief gut? Was lief nicht gut? Wie können wir uns verbessern? Und ja, das kostet Zeit und jede:r muss sich mit unterschiedlichen Wahrnehmungen und Perspektiven der Gruppe auseinandersetzen. Der Nutzen dieser Betrachtungsform ist aber, dass möglichst viele Mitglieder einer Gruppe gehört, geachtet und somit mitgenommen werden.

Als Führungskraft kannst du dich mit deinem Blick auch einbringen, musst aber gleichzeitig die Entscheidung der Gruppe oder des Productowners akzeptieren. Mit Hilfe dieser (und weiterer) agiler Methoden entsteht ein transparenter Entwicklungsprozess, der flexibel gestaltet werden kann. Du erreichst somit als Führungskraft genau das, wovon du träumst: Selbstorganisation und Verantwortung wird von deinen Mitarbeiter:innen engagiert gelebt. Deine Aufgabe ist es, den Rahmen, in dem sich ein Projektteam bewegen darf, immer wieder zu verdeutlichen und dazu klar Stellung zu beziehen. Auch wenn dies einer Gratwanderung gleichkommt, versiehst du die agile Führung so ganz konkret mit einer praktikablen Struktur.

Es braucht dabei Mitarbeiter:innen, die sich mit agilen Methoden beschäftigt haben und die Rolle eines/einer Moderator:in ausüben können. Die Grundlagen von Scrum wären sicher von Vorteil, müssen aber zu Beginn noch nicht gleichzeitig vorhanden sein. Es reicht auch, wenn ein Projektteam eine:n Projektleiter:in aus seinen Reihen wählt, Räumlichkeiten für regelmäßige Treffen nutzen kann und sich auf den Weg begibt. Konkrete Fragen werden dabei entstehen. Die Antworten darauf finden sich gemeinsam im Austausch mit dir als Führungskraft. Insgesamt entsteht durch die Beteiligung von Mitarbeitenden Vertrauen und dein Engagement wird belohnt. Aus meiner Sicht ist das die Zukunft von Arbeit, eben New Work.

Die Organisation von Arbeit in dieser Richtung unterstützt den Aufbau einer Vertrauenskultur. Diese muss zwingend von Führungskräften bis hin zum Vorstand bzw. CEO mitgetragen werden. Enttäuschungen bei den Entscheidungsprozessen wiegen genauso schwer wie sonst im Leben und zerstören Vertrauen und Verbindung.

Eine Methode, die beim Aufbau agiler Arbeitsformen für mich sehr hilfreich ist, ist die Kanban-Methode. Dafür reicht es am Anfang, wenn im Arbeitsraum eines/einer Projektleiter:in ein Whiteboard oder Pinnwandpapier an der Wand angebracht wird. Dort kann jedes Mitglied der Gruppe in drei Spalten („offen", „in Arbeit" und „erledigt") nachschauen, wie der Stand der Dinge ist, und Veränderungen vornehmen. Diese Projektwand lässt sich auch digital erfassen. Es gibt unterschiedliche Plattformen, die diese Funktion anbieten. Ein bekannter Vertreter ist bspw. Trello (nicht ganz DSVGO-konform, aber schick). Unternehmen arbeiten häufig mit MS Office 365. Darin lässt sich in OneNote auch ein digitales Kanban-Board realisieren.

Du brauchst also nicht auf deine IT-Abteilung zu warten, sondern kannst als Führungskraft direkt die Übersicht, Orientierung und Beteiligung mit Hilfe einer Kanban-Wand transparent machen. Alle Teilnehmer:innen begeben sich mittels dieser und ähnlicher Werkzeuge aus ihrer Komfortzone gewohnter Arbeitsorganisation heraus, was erst einmal Energie und etwas

Mut benötigt. Gleichzeitig werden sie mit Transparenz belohnt. Wie wir aus dem Kapitel „3.1.1 Salutogenese und New Work" wissen, unterstützen die beiden Faktoren Verstehbarkeit und Bewältigbarkeit die Gesundheit und Zufriedenheit von Menschen. Denn genau das ist es, was du als Führungskraft willst: Motivierte Mitarbeiter:innen, die bereit sind, ihr Know-how, ihre Kreativität und ihr Engagement zu zeigen. Wenn du für gute Arbeitsbedingungen mittels Klarheit, Beteiligung und Wertschätzung sorgst, entwickelst du ein Team zufriedener Menschen. Bekommst du langsam ein Bild von moderner Führung und Lust darauf, dich weiterzuentwickeln?

3.1.2 Meta-Gender-Führungsstil

Wie komme ich dazu, wenn es um Führungsstile geht, hier den Meta-Gender-Führungsstil herauszuheben? Dazu ist ein Blick in meine Prägung als Kind hilfreich. Meine Mutter verkörperte für mich die Qualitäten von Sicherheit, Wohlwollen, Versorgung, Anerkennung und Unterstützung. Dementsprechend symbolisierte sie die weiblichen Qualitäten und Tugenden in familiärer Gemeinschaft. Auf der anderen Seite verkörperte mein Vater typisch männliche Qualitäten wie Energie, Disziplin, Willenskraft, Einfallsreichtum, logisches Denken und Härte. Die Eigenschaften befinden sich auf einer zweipoligen Skala jeweils eher am äußeren Rand. Als Kind habe ich diese Unterschiede vorerst als gegeben angenommen. Als Jugendlicher und junger Erwachsener habe ich dagegen aufbegehrt und versucht, mit Hilfe von Urteilen damit zurechtzukommen. Erst als ich selbst Vater wurde und mir therapeutischer Unterstützung holte, konnte ich verletzenden Eigenschaften (z. B. denen meines Vaters) vergeben und die jeweiligen Qualitäten bzw. Bedürfnisse dahinter erkennen.

Ich schreibe dies hier, um dir zu verdeutlichen, warum mir Augenhöhe, Gerechtigkeit und Unversehrtheit so starke Anliegen sind. Überall dort, wo wir Verantwortung für Menschen übernehmen, braucht es aus meiner Sicht:

✳ Die Aufarbeitung der eigenen Kindheitsprägungen

✳ Das Prinzip der Gleichberechtigung

✳ Den Schutz der Mitglieder

Ich bin davon überzeugt, dass wir alle unterschiedliche und prägende Erfahrungen erlebt haben. Dass sich trotz dieser Unterschiede Menschen auf zentrale Regeln, Gesetze und Leitlinien einigen, die humanistischen Werten entsprechen, ermutigt mich sehr. Außerdem bestätigen mich zahlreiche Untersuchungen, dass wir sowohl die männlichen als auch die weiblichen Qualitäten brauchen, um gute Ergebnisse zu erzielen und dabei achtsam mit Menschen umzugehen. Sie sind in unterschiedlicher Gewichtung in jedem von uns vorhanden. Je mehr wir beides in Einklang bringen, desto vollständiger und unabhängiger sind wir als Person.

Im übernächsten Kapitel „3.2 Diversity" gehe ich auf die herausfordernde Aufgabe von Gleichberechtigung ausführlicher ein. Einfache Vorsätze greifen definitiv zu kurz, da wir durchdrungen sind von einer patriarchischen Denk- und Sprechweise. Sowohl Frauen als auch Männer benötigen bei dieser Entwicklung Unterstützung.

Weibliche und männliche Führungsqualitäten

Ich möchte ein Zitat von Andrea Bittelmeyer voranstellen, mit dessen Hilfe ich dich aus der Reserve locken möchte. Ist dieses Statement okay für dich und würdest du es aus tiefstem Herzen unterstützen?

„Einig sind sich die Experten: Es ist unerlässlich, die Männer für die Chancengleichheit zu gewinnen. Sie müssen bereit sein, das Weibliche zu schätzen und Frauen in den Vorstandsetagen einen gleichberechtigten Platz einzuräumen. Und sie müssen die Hälfte der Erziehungs- und Hausarbeit übernehmen, damit Frauen diese Plätze auch einnehmen können" (Bittelmeyer, 2019).

Ich vermute mal, dass du als Frau nun schmunzelst und innerlich „Yes!" ausrufst und du als Mann ein Fragezeichen im Gesicht hast, nach dem Motto „Echt jetzt?!".

Ein Blick in die Sozialwissenschaften zeigt, dass viele Stereotype mit unbewussten Mechanismen gekoppelt sind. Wir brauchen also einen erweiterten Blick auf die Ursachen für bestimmte Handlungsmuster. Dabei helfen uns auch die Psychologie und die Genderforschung.

Ein Beispiel. Was sagt dir der Begriff „unconscious bias"? Dieser psychologische Begriff beschreibt, dass Menschen unter einer unbewussten, kognitiven Wahrnehmungsverzerrung leiden. Selbst wenn Männer bspw. davon überzeugt sind, vorurteilsfrei zu denken, zu sprechen und zu handeln, widerfahren ihnen Vorurteile, Stereotype und Denkfehler. Es braucht dazu einen genauen und ausgewogenen Blick bzw. Ansprache, um nicht in Rechtfertigungs-Diskussionen zu landen.

Ein Führungsstil der aus meiner Sicht humanistische Führung am besten unterstützt, stellt der Meta-Gender-Führungsstil nach Werner Dopfer dar (Dopfer, 2016). Er hat aus den typisch männlichen und typisch weiblichen Verhaltensweisen einen ausgewogenen Führungsstil entwickelt. Aus meiner Erfahrung als Führungskräfte-Coach kann ich bestätigen, dass eine solche Annäherungsarbeit für uns Männer deutlich herausfordernder ist als für Frauen. Mir dient er jedenfalls als Orientierung bei der Leitbildentwicklung mit Führungs-Teams, die sich aus Frauen und Männern zusammensetzen.

Die folgende Tabelle stellt die Führungsstile nach Werner Dopfer gegenüber. Ich möchte dich einladen, dir diese Tabelle genau durchzulesen und deine Gedanken im Journal festzuhalten. Wo genau stehst du bei den einzelnen Gegenüberstellungen? Markiere einfach deinen aktuellen Stand.

Darf's auch etwas leichter sein?

Der eher typisch männliche Füh-	Der Meta-Gender-Führungsstil	Der eher typisch weibliche Füh-
wettkampforientiert und aggressiv	von transparenten Interessen geleitet	kooperativ und kompromissbereit
direkt und offen rivalisierend	Grenzen definierend	verdeckt rivalisierend
egoistisch dominant	das Wohl aller Beteiligten betrach-	prosozial dominant
fokussiert auf ein Thema	das Ganze im Fokus	das Ganze im Fokus
risikofreudig	situativ risiko-abwägend	risikovermeidend
analog denkend	ganzheitlich vernetzt denkend	vernetzt denkend
nach hierarchischer Macht strebend	nach Verantwortung strebend	nach Verantwortung strebend
impulsgetrieben und konfliktbereit	reflektiert und konfliktkompetent	zurückhaltend und konfliktvermeidend
selbstüberschätzend	selbstbewusst, eigene Stärken und Schwächen ken-	selbstunterschätzend
trickreich wagemutig	solide und aufwand- gerecht	perfektionistisch genau
rational technisch	sach- und beziehungs-orientiert	empathisch mitfühlend
distanziert, autonom	sozial interessiert, mit gutem Gespür für die Bedürfnisse	Nähe suchend
bestimmend	lösungsorientiert	anpassend
beschützend	beschützend und werteorientiert	umsorgend fürsorglich

Der eher typisch männliche Füh-	Der Meta-Gender-Führungsstil	Der eher typisch weibliche Füh-
aktiv explorativ	interessiert an realen Chancen	zögernd
interessiert an Unternehmungen	interessiert an sinnvollen Zielen und nachhaltigen Vor-	interessiert an sozialen Interaktionen

Tabelle 2: Gegenüberstellung der unterschiedlichen Qualitäten (Dopfer, 2016)

Deine Nachbetrachtung zur Bearbeitung dieser Tabelle wird dich unterstützen, dir über aktuelle Kommunikationsmuster in eurem Führungsteam klar zu werden. Unterbewusst ahntest du es sowieso schon, richtig? Nun hast du ein klareres Bild vor Augen und kannst dich dazu positionieren. Ist es okay, so wie es ist? Oder bedarf es größerer Energieleistung von dir, dich mit deinen Werten zu zeigen oder abzugrenzen? Oder orientierst du dich um und verlässt das aktuelle System? Besprich dich anschließend mit einem Menschen deines Vertrauens. Dieser Austausch wird dir dabei helfen, deine Richtung einzuschlagen.

Was die Erde braucht

Unsere aktuellen Herausforderungen egal ob familiär, im Job, umwelttechnisch, coronabedingt oder friedenspolitisch sprechen eine eindeutige Sprache. Machen wir in dieser Weise weiter so, gehen wir zusammen mit diesem Planeten unter. Ich weiß, das klingt etwas theatralisch, meine ich aber tatsächlich so.

Darf's auch etwas leichter sein?

Wie sich unser Verhalten im kleinen und großen Stil ändern könnte, wird deutlich, wenn wir uns die Tabelle einmal genauer anschauen. Ich nehme hier beispielhaft die Verhaltensweise im Meta-Gender-Führungsstil „reflektiert und konfliktkompetent". Diese Fähigkeit kann jede:r von uns (mit mehr oder weniger Persönlichkeitsarbeit) erreichen. Ich stimme der Beschreibung von Werner Dopfer zu, bei der Männer eher aus der Richtung „impulsgetrieben und konfliktbereit" kommen, Frauen dagegen eher „zurückhaltend und konfliktvermeidend" unterwegs sind. Ein wenig Offenheit für die jeweiligen Fähigkeiten der „anderen Seite" würde uns nützen, uns sowohl in der Mitte zu treffen als auch die extremeren Positionen sporadisch gezielt einzusetzen.

Dieser Umgang mit „Unterschiedlichkeit" eröffnet uns also mehr Handlungsoptionen und eine positivere Wahrnehmung von Wirkungen, Konsequenzen, Stimmung und Zusammenarbeit. Dass Unternehmen mit einem höheren Frauenanteil in der Führung nicht nur ein angenehmeres Arbeitsklima aufweisen, sondern auch erfolgreicher sind, ist unter HR-ler:innen sonnenklar. In diesem Zusammenhang möchte ich auf Anke van Beekhuis verweisen. In ihrem höchst interessanten Artikel zum Thema „Gender Balance als Unternehmensziel – Mehr als Frauenförderung" beleuchtet sie die Vorteile eines höheren Frauenanteils in der Führungsebene. Gleichzeitig konstatiert sie, dass davon bei uns noch vieles wie Zukunftsmusik klingt (van Beekhuis, 2019). Die patriarchische Prägung und Machtverhältnisse sind so tief in unserer Gesellschaftsstruktur verankert, dass es sowohl entmutigend als auch ärgerlich ist, wie das im 21. Jahrhundert noch so sein kann. Mehr dazu schreibe ich im übernächsten Kapitel „3.2 Diversity".

3.1.3 Veränderungen begleiten

Eines unserer universellen menschlichen Bedürfnisse ist die Vorhersehbarkeit. Sie gibt uns Sicherheit und lässt uns entspannt wirksam sein. Das bedeutet im Umkehrschluss, dass es menschlich ist, Veränderungen erst einmal abzulehnen. Denn wir müssten Energie und Aufmerksamkeit abzweigen, um den Umgang mit neuen Gegebenheiten zu erlernen. Das betone ich an dieser Stelle, um einem Urteil vorzubeugen, nach dem Menschen immer wieder in flexibel und unflexibel eingeteilt werden. Vor allem als Führungskraft (Elternteil und Lehrer:in) muss mir bewusst sein, dass es normal ist, wenn mein Team nicht vor Begeisterung in die Luft springt, wenn ich eine Veränderung ankündige.

Das als U-Kurve der Veränderung bekannte Phänomen verdeutlicht diese menschliche Verhaltensweise. Hier werden die Reaktionen auf starke Irritationen bzw. Veränderungen in vier Phasen eingeteilt: Leugnung, Widerstand, Erkundung und Engagement.

Darf's auch etwas leichter sein?

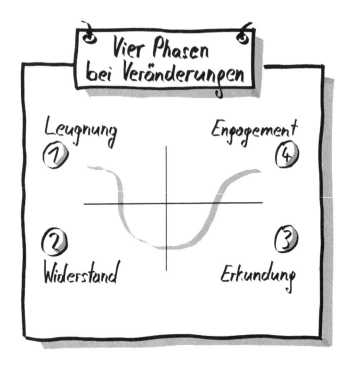

Abbildung 22: Phasen der Veränderung (modifiziert nach Scott & Jaffe, 1989)

Wer dieses menschliche Verhaltensprinzip verstanden hat, kann anders mit den Reaktionen des Umfelds umgehen, wobei ich gleich auf die Konsequenzen für dich als Führungskraft eingehen werde. Nur so viel an dieser Stelle: Wenn Menschen einen Widerstand gegen Veränderungen zeigen, hast du sie entweder nicht genug am Prozess beteiligt oder sie sind bereits in der zweiten Phase angekommen. Dann kannst du dich freuen, dass sie die neue Situation ernst nehmen. Ja, du hast richtig gehört. Dieses kleine Beispiel macht deutlich, wie sehr du als Führungskraft darauf angewiesen bist, in die Metaebene zu wechseln.

Arbeitsbereich

Abbildung 23: Typische Reaktionen in Phasen der Veränderungen

VUCA

Schon einfache Veränderungsprozesse in gewohnten Arbeitsabläufen haben es in sich. Wie stellt sich da eine gravierende Veränderung dar, die sich vorher kaum jemand vorstellen konnte? Hier kommt der Begriff VUCA ins Spiel. VUCA ist ein Akronym, das aus den vier Anfangsbuchstaben von Volatility (Flüchtigkeit), Uncertainty (Ungewissheit), Complexity (Komplexität) und Ambiguity (Mehrdeutigkeit) besteht. Ich fasse es gerne unter „Irritation unvorstellbaren Ausmaßes" zusammen. Oder hättest du dir vor 2020 vorstellen können, dass wir einmal alle beim Einkaufen, Reisen etc. mit einer Maske herumlaufen würden?

Was ich Führungskräften beim Thema Change bisher beigebracht habe, hat seit 2020 noch einmal an Relevanz und Vehemenz zugenommen. Die Auswirkungen sind so gravierend, dass man Micromanagement aus dem gewöhnlichen Führungsalltag getrost streichen kann. Wesentlich hilfreicher sind beispielsweise wöchentliche Retrospektiven mit dem Team und eine daraus direkt abgeleitete Korrektur von Projekten. Du musst dich also nur immer wieder – und das gemeinsam mit deinem Team – den aktuell geänderten Bedingungen stellen und entsprechende Anpassungen vornehmen.

Aus meiner Sicht ist es eine trügerische Sicherheit, wenn Unternehmen davon ausgehen, dass sie mit Hilfe von agilen Tools und Arbeitsmethoden der früher gewohnten Planbarkeit wieder näherzukommen. Agile Arbeitsformen und Führung haben dagegen das Ziel, die Kreativität der Mitarbeiter:innen in der neuen Unvorhersehbarkeit stärker einzubeziehen. Das wiederum funktioniert nur, wenn Menschen oder Teams mehr Entscheidungsspielräume bekommen. Was darauf hinausläuft, dass ihnen Vertrauen geschenkt wird. Wenn eine Führungskultur dies nicht hergibt, weil zu viel Misstrauen vorherrscht, gibt es auch keine höhere Beweglichkeit, keine gesunde Verarbeitung von Veränderungen und keinen erfolgreichen Switch im Unternehmen hin zu agilen Organisationen.

Wahrscheinlich entsteht auch bei dir immer öfter der Gedanke, dass wir als Führungskräfte immer mehr zum Coach unseres Teams werden müssen. Genau das möchte ich unterstützen.

Im Management fällt dabei häufig der Begriff der Disruption. Damit ist der Umstand von VUCA gemeint, in dem sicher geglaubte Grundlagen bspw. eines Produktionsablaufes in kürzester Zeit hinfällig werden oder geworden sind. Die damit einhergehenden „erschütternden" Irritationen bzw. Veränderungen fordern alle Menschen, die davon betroffen sind, heraus. Noch stärker geht das allerdings die Führungskräfte an, weil der Fokus auf sie gerichtet ist, es neu und passend auszurichten. Dieser Umstand und die Tatsache, dass auch die Mitarbeiter:innen immer deutlicher ihre Gefühle zeigen, nötigt einer Führungskraft psychologische Grundkenntnisse menschlicher „Funktionsweisen" ab.

Ich bin davon überzeugt, dass eine gute Führungskraft nur echte Beziehungsarbeit leisten kann, wenn sie sich sowohl mit den eigenen Stärken als auch mit den Antreibern, Prägungen und Schattenseiten kennengelernt hat. Diese Selbstreflexion ermöglicht es uns, andere Meinungen und Bedürfnisse zuzulassen, ohne sie als falsch zu verurteilen. Aus meiner Sicht ist das eine zentrale Grundvoraussetzung von Führung. Du musst also gar kein:e Fachexpert:in auf deinem Gebiet sein. Es ist viel hilfreicher, wenn du dich selbst hinterfragen gelernt hast.

Für meine Arbeit beim Coaching von Führungskräften und Personalentwickler:innen ist das Buch „New Work needs Inner Work" von Joana Breidenbach und Bettina Rollow eine Offenbarung gewesen (Breidenbach & Rollow, 2019). Sie beschreiben die sich gegenseitig beeinflussenden Kräfte zwischen innen & außen und Individuum & Kollektiv. Das Buch enthält einen regelrechten Fahrplan für die Begleitung von einer eher hierarchisch geprägten Unternehmenskultur hin zu mehr Selbstorganisation und Vertrauen. Gleichzeitig muss klar sein, dass sich das aktuelle Gefüge stark verändern wird, wenn sich ein Unternehmen oder eine Organisation mit New Work beschäftigt. „Will ein bis dato hierarchisch geführtes Team selbstorganisierter arbeiten, wird es Schritt für Schritt äußere Strukturen abbauen. Sobald jedoch Prozesse und Strukturen verringert oder weniger formal gestaltet werden, müssen Teammitglieder Strukturen im Inneren aufbauen. Unter ‚inneren Strukturen' verstehen wir Kompetenzen wie höhere gedankliche und emotionale Klarheit, präziseres Wahrnehmungsvermögen und bessere Selbstkenntnis" (Breidenbach & Rollow, 2019, S. 24). Dieses Statement unterstützt meinen Ansatz, wie wichtig die Persönlichkeitsentwicklung für Führungskräfte für eine bewusste Lebens- und Arbeitsgestaltung ist.

In Auftragsklärungsgesprächen höre ich immer wieder Sätze wie:

* „Welche Kommunikationstechniken können Sie unseren Mitarbeiter:innen beibringen, damit diese ihre Aufgaben erfüllen?"
* „Sind diese Fähigkeiten überhaupt erlernbar oder brauchen wir neue Mitarbeiter:innen?"
* „Die sollen einfach vernünftig ihre Arbeit machen."
* „Welche agilen Methoden passen zu uns?"

Daraus wird die Unsicherheit deutlich, die New Work und New Leadership für das Management mit sich bringen. Das darf erst einmal so sein. Hilfreich sind Fragen, wie: „Was brauchst du, damit du dich gemeinsam mit dem Führungsteam und den Mitarbeitenden auf den Weg begeben kannst?" Im folgenden Unterpunkt möchte ich dir Orientierungen geben, wie Führungskräfte in Veränderungen mit ihrem Team passender umgehen können.

Führung in Veränderungen

Zu den oben gezeigten vier Phasen der Veränderungen passen jeweils unterschiedliche Schwerpunkte, auf die du dich im Umgang mit deinem Team konzentrieren kannst. Ich beschreibe sie dir im Folgenden und werde sie dabei immer wieder auf die Schlüsselpunkte reduzieren, auf die du deine Aufmerksamkeit als Führungskraft richten solltest.

1. Phase: Leugnung. Wenn du Mitarbeitende über anstehende Veränderungen informierst, egal ob du sie an diesem Prozess beteiligt oder nicht, brauchst du Ausdauer und Geduld, bis es wirklich bei den Menschen ankommt, dass sich etwas ändern wird. Das Bild der Schockstarre passt hier ebenfalls. Ich möchte dir empfehlen, die Frequenz zu erhöhen, dein Team also in kürzeren Abständen immer wieder damit zu konfrontieren. Erst mit der Zeit und nach einigen Wiederholungen werden diese Informationen tatsächlich ernst genommen. Deine Mitarbeitenden schützen sich erst einmal erfolgreich durch diese Art der Verdrängung: „Das kann gar nicht sein. Wir sind damit nicht gemeint. Erst mal abwarten."

2. Phase: Widerstand. Diese Phase ist aus meiner Sicht die entscheidende Zeit, in der du als Führungskraft am stärksten unterstützen (oder behindern) kannst. Da sich dein Team jetzt am deutlichsten mit Widerstand zeigt, bist du stark gefordert, auch wenn du eigentlich davon träumst, dass ihr gemeinsam kreative Lösungen findet. Stell dich den schmerzhaften Gefühlen deiner Mitarbeiter:innen und nimm ihren Ärger, Trauer und Ängste ernst, ohne sie zu beschwichtigen (ganz wichtig). Wie du das machen kannst? Indem du ihre Gefühle und die dabei zu kurz kommenden Bedürfnisse spiegelst: „Du bist richtig sauer, weil der aktuelle Prozess bisher Erreichtes über den Haufen wirft und damit sinnlos Energie verschwendet wird?" Mit dieser Form des Spiegelns stellst du ‚geschlossene Fragen nach dem unerfüllten Bedürfnis'. Diese Art der empathischen Kommunikation werde ich im nächsten Abschnitt 3.1.4 näher beschreiben. Stell dir vor, dass du wie ein Airbag wirkst und die Energie sachte abfederst. Es kann sogar passieren, dass du dich im Meeting damit zu Wort meldest, dass du keine Neuigkeit hast: „Das Neue ist, dass ich nichts Neues weiß und euch gleichzeitig versichere, dass ich euch, sobald ich etwas Neues weiß, einbeziehe." Klingt wenig ergiebig, ist aber hilfreich, um Durststrecken zu begleiten.

3. Phase: Erkundung. Jetzt beginnt dir dein Job als Führungskraft wieder mehr Freude zu bereiten, da diese Phase auch mit Hoffnung überschrieben werden kann. Du kannst jetzt unterstützend wirken, indem du die Situation in Bildern zusammenfasst und den Prozess kreativ begleitest. Es kann manchmal noch zu kleinen emotionalen Rückfällen kommen, wenn der Schmerz in den ersten beiden Phasen nicht ausreichend gewürdigt bzw. beachtet wurde. Das ist wie ein Bumerang. Was nur verdrängt wurde, kommt immer wieder zurück. Da sich in dieser Zeit jede:r Mitarbeitende ein Stück weit neu erfinden muss, braucht ihr auch hier noch den häufigen Austausch in der Gruppe. Als Führungskraft sorgst du für das ehrliche und nicht abwertende Miteinander.

4. Phase: Engagement. Nun wird immer mehr ausprobiert und umgesetzt. Ihr kommt wieder ins Handeln. Ich vermute, dass du dich als Führungskraft in Veränderungsprozessen vermehrt mit den Mitarbeitenden beschäftigst, deren Sorgen und Ängste am größten sind? Die stillen Leistungsträger funktionieren ja. Spätestens in dieser Phase brauchen diese Mitarbeitenden dein anerkennendes und unterstützendes Feedback. Du zeigst ihnen damit, dass du sie mit ihrem Beitrag für passende Lösungen gesehen hast und wertschätzt, dass sie dich als Führungskraft in unsicheren Zeiten damit sehr gestärkt haben. Übrigens macht erst jetzt Teambuilding wieder Sinn und fördert die Zusammenarbeit.

Abhängig von deiner aktuellen Position im Unternehmen kann es gut sein, dass du Veränderungsprozesse unterschiedlich wahrnimmst und auch das Verhalten der Menschen anders aufnimmst als zuvor. Die folgende Tabelle beschreibt dies und verdeutlicht, wie wichtig ein umfangreicher Informationsfluss in alle Richtungen ist und bei Veränderungen zum Erfolg beiträgt (nach Scott & Jaffe, 1989).

Darf's auch etwas leichter sein?

Erleben/Gefühle	Position	Verhalten/Handeln
Auswirkungen auf die Mitarbeiter werden unterschätzt; Angst vor der eigenen Unsicherheit	Top-Management: isoliert	Tendenz zur Abschirmung; Workshops; Data Analysis; Kommunikationsvermeidung; hohe Erwartung an das mittlere Management verbunden mit zu wenig Informationen und Anleitung
Gefühl, allein gelassen zu sein: von oben im Stich gelassen und ungerecht behandelt werden, von unten auch keine Unterstützung bekommen	Mittleres Management: Sandwich-Feeling	Abgrenzung in alle Richtungen: Aktionismus; Druck weitergeben; es fehlen passende Management-Techniken
Gefühl, angegriffen und verraten zu werden; Unwille, zu glauben, dass „die Firma mir das antun kann".	Mitarbeiterbasis: widerständig	Widerstand; Ärger; Frustration; Verunsicherung; innere Kündigung; Angst, Risiken einzugehen; Verlusterfahrung

Tabelle 3: Veränderungen und Position (nach Scott & Jaffe, 1989)

Aus meiner Erfahrung ist ein umfangreicher Review enorm hilfreich, um aus diesem Prozess zu lernen. Was hat gut geklappt? Was war extrem herausfordernd? Was speichert ihr für die nächste Entwicklung ab? Was möchtet ihr würdigen?

Arbeitsbereich

In meiner Position als Personalvorstand einer Privatschule habe ich bei Veränderungen Folgendes gelernt:

* Das waren hochintensive Zeiten.
* Mitarbeitergespräche waren von starken Gefühlen gekennzeichnet.
* Meine Präsenz war noch wichtiger.
* Ich musste die Schule nicht allein retten und konnte auf die Verbundenheit bauen.
* Es finden sich immer wieder erstaunliche, passende Lösungen.
* Ich fühlte mich als Führungskraft besonders wirksam.
* Starke Gefühle dürfen sein, machen Sinn und weisen auf wichtige Bedürfnisse hin.

Gleichzeitig gab es immer wieder die Sehnsucht, einfach nur mal die ganz normale Arbeit zu bewältigen. In diesen sieben Jahren durfte ich lernen, dass wir uns zwar auf vieles vorbereiten können, es aber oft anders kommt. Gleichzeitig haben alle Gespräche zur Vorbereitung den Blick geweitet und waren somit hilfreich für alternative Lösungen. Wer mit Menschen in sich entwickelnden Systemen arbeitet, stellt sich einer sehr großen Aufgabe mit viel Verantwortung. Die Jonglage der unterschiedlichen Bedürfnisse kostet uns Führungskräften richtig viel Energie. Aus diesem Grund ist eine zentrale Voraussetzung für diese Arbeit, dass wir den Umgang und den Austausch mit Menschen mögen.

Außerdem – auch auf die Gefahr hin, dass ich mich damit wiederhole – musst du bereit sein, dich mit deiner Entwicklungsgeschichte, deinen Antreibern und Schatten auseinanderzusetzen. Diese Selbstreflexion ermöglicht es dir, aus vorschnellen Urteilen auszusteigen und die vielen Unterschiedlichkeiten der Menschen (deiner Mitarbeitenden) zu achten.

Auf dieser Grundlage möchte ich dich im folgenden Kapitel mit dem bedürfnisorientierten Ansatz der Kommunikation bekannt machen. Wir erobern damit das nächste Level der menschlichen Haltungsarbeit in Kombination mit reflektiertem Denken und Sprechen. Mein Ziel ist es, dir aufzuzeigen, dass Menschen unterschiedlicher Meinung sein und dabei gleichzeitig verbunden bleiben können. Ganz genau, du hast richtig gelesen. Wir müssen in Teamleiterrunden nicht ständig kämpfen, ironisch Distanz aufbauen und abwerten. Das geht auch ganz anders.

3.1.4 Wertschätzende Kommunikation im Team

Eines vorweg: Du wirst nie fertig sein mit einem guten, kooperativen und wertschätzenden Umgang im Team. Dieser Teil der Kommunikations- und Beziehungsarbeit wird immer wieder neu herausgefordert werden, weil:

- ✳ sich die Zusammensetzung deines Teams immer wieder ändert und jede Änderung das Teamklima beeinflusst.
- ✳ sich die Belastungssituation jedes Einzelnen (Arbeit und Privates) fortlaufend ändert.
- ✳ deine Führungskraft wechselt.

* Menschen (du eingeschlossen) immer wieder in alte Denk- und Sprechmuster der Bewertung zurückfallen.
* Arbeitsprozesse ständig neu angepasst werden müssen. Das erfordert, sicher geglaubte Prozesse wieder neu zu betrachten.

In Summe brauchen wir eine gute Selbstfürsorge, damit wir immer öfter und rascher die Metaebene einnehmen können. Dann ist ein wertschätzender Umgang zumindest von dir in Richtung deiner Mitarbeitenden leichter möglich. Und du als Führungskraft erhältst einen größeren Einfluss auf die Sicherheit und das gegenseitige Vertrauen.

Gewaltfreie Kommunikation – Aufbau

Ich erinnere mich an ein Gespräch mit meiner jüngsten Tochter über die Frage, was Nachfragen bewirken kann. Meine Tochter aß nach einem umfangreichen Abendbrot noch Mandarinen, während ich ihr bereits vorlas. Ich überlegte mir, dass sie eigentlich keinen Hunger mehr haben dürfte. Mir lag schon auf der Zunge zu sagen: „Oh nee, nicht noch eine." Stattdessen habe ich sie gefragt: „Kannst du mir erklären, warum du weiter isst?" Ihre Antwort hatte mich erreicht. „Ich habe eigentlich keinen Hunger mehr. Ich liebe Mandarinen einfach und es ist so schön sie zu schälen, einzeln zu essen und dir beim Vorlesen zuzuhören." Treffer, ich habe gelächelt, war selbst entspannt und habe weiter vorgelesen.

Was ich dir damit sagen möchte? Du kannst Kommunikation nicht durch eine Technik verbessern. Es braucht eine andere Haltung. Und zwar eine, in der es dir möglich ist, andere Aussagen oder Handlungen erst einmal zu hinterfragen. Be-Urteilen konfrontiert nicht nur, sondern stellt dich über die andere Person und trennt dich von ihr. Was soll aus so einer Unterhaltung entstehen? Richtig, Ärger und Streit, der mit Hilfe von Argumenten eher gepusht als geschlichtet wird.

Der innere Stopp ist so hilfreich, weil du mit einer interessierten Frage, einen Raum für Unterschiedlichkeit kreierst. In vielen Fällen entsteht dann kein Disput, sondern Freude und Entspannung darüber, dass die Frage für eine Pause gesorgt hat. Und auch die Antworten tragen meist zu mehr Verständnis bei.

Feedback-Kultur

Wenn du mit Menschen zusammenlebst oder -arbeitest, bist du wie alle Beteiligten darauf angewiesen, Rückmeldungen zu geben und zu bekommen. Ohne Abstimmung, Klarheit, Unterhaltung, Diskussion und Streit sind Entwicklungen nicht möglich. Sie entstehen aus den unterschiedlichen Perspektiven der einzelnen Teilnehmer:innen. Wie du im Kapitel 2.2.3 schon gelesen hast, erfüllen wir uns mit unseren Aussagen und Handlungen Bedürfnisse. Wir zeigen damit, was uns wichtig ist. Dass unterschiedliche Menschen zur selben Zeit unterschiedliche Bedürfnisse haben, kann sich wohl jede:r vorstellen. Nun kommt es also darauf an, in welcher Form wir uns zu erkennen geben, damit die andere Person dies hören kann.

Arbeitsbereich

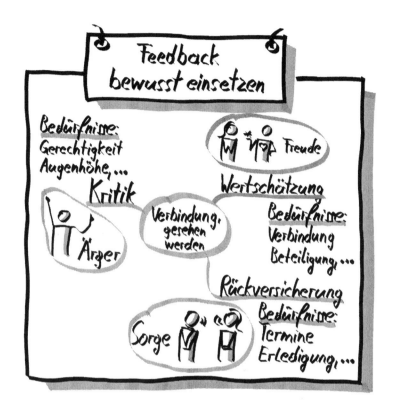

Abbildung 24: Hauptaspekte von Feedback

In der Abbildung 24 findest du eine Übersicht zu den drei Hauptaspekten von Feedback. Diese sind Wertschätzung, Rückversicherung und Kritik. Ich werde sie im Folgenden ausführlicher beschreiben und dabei den Erfolgsfaktor benennen, mit dessen Hilfe selbst Kritik für den Angesprochenen nachvollziehbar wird. Und der Gewinner ist? Das Bedürfnis. Wenn wir für uns selbst bewusst erforscht haben, welches Bedürfnis entweder in Gefahr ist oder zu kurz kommt, unterstützen wir das Verständnis für den Gesprächspartner. Es wird nachvollziehbarer, womit wir uns und warum zeigen. In jedem Fall braucht es Energie und Mut, Menschen Feedback zu geben. Wenn die Form berücksichtigt wird, bezeichne ich Feedback sogar als Geschenk, weil es Klarheit schafft und eine Orientierung für Entwicklung aufzeigt.

1. Wertschätzung: Einen Daumen hoch zeigen oder „super gemacht" sagen sind gängige Formen der Wertschätzung. Und ja, das ist schon viel besser, als keine Anerkennung zu geben. So richtig ankommen wird deine Wertschätzung allerdings erst, wenn du eine Situation kurz beschreibst, das freudvolle Gefühl benennst und das Bedürfnis beschreibst, welches für dich dabei erfüllt wird.

Ich möchte dir als Elternteil oder/und Führungskraft die Aufgabe geben, jeweils eine Wertschätzung pro Tag in dieser Form zu verschenken. Du wirst merken, dass du damit ein Bewusstsein für deine dir extrem wichtigen Werte verstärkst. Gleichzeitig verbreitest du pure Freude unter Lebenspartner, Kindern, Mitarbeiter:innen oder Kunden.

2. Rückversicherung: Hier handelt es sich um dein Bedürfnis, eine deiner Sorgen zu verringern oder gar auszuschalten. Das ist legitim, denn danach kannst du unbeschwerter deiner aktuellen Tätigkeit nachgehen. Du sprichst beispielsweise deine Kollegin an und fragst sie, ob sie ihren Anteil an Aufgaben bis zum nächsten Meeting schafft. Du erwähnst dabei deine Sorge, im nächsten Meeting ohne die Ergebnisse der Beteiligten nicht weiterzukommen. Daran lässt sich auch der Wunsch koppeln, z. B. dafür zu sorgen, dass alles fertig wird, oder andernfalls die Teilnehmer:innen darüber zu informieren, dass sie etwas mehr Zeit benötigt.

3. Kritik: Etwas, was dir wichtig ist, ist definitiv zu kurz gekommen. Was tust du nun? Schluckst du es herunter? Machst du das zu oft, sammelst du Erlebnisse, bei denen du dich nicht mit deinen Bedürfnissen gezeigt hast (wie die guten alten Rabattmarken). Die Folgen kennst du. Dein Schlaf leidet, dein Blutdruck steigt, dein Magen reagiert empfindlicher, um nur ein paar Beispiele zu nennen. Wenn du nun Kritik formulierst, solltest du die vier Schritte der gewaltfreien Kommunikation einhalten, damit der Adressat sie besser annehmen kann. Wenn du es schaffst, die Situation kurz neutral zu beschreiben, dein Gefühl zu benennen, welches dabei entstanden ist, und welches Bedürfnis zu kurz gekommen ist, dann ist dein abschließender Wunsch eine erfolgversprechende Vorlage für deinen Adressaten.

Du kannst auch direkt mit dem Bedürfnis einsteigen: „Mir ist Ruhe so wichtig für meine Textarbeit. Bitte versuche, leiser zu telefonieren und auf mich Rücksicht zu nehmen. Kannst du das für mich tun?"

Dein Auftrag als Führungskraft, Elternteil und Partner:in in einer Beziehung ist es, für eine Kultur des Vertrauens zu sorgen. Ja genau, das ist dein Auftrag, den es so gut wie möglich zu erfüllen gilt. Dir wird nach diesem Buch höchstwahrscheinlich immer deutlicher, wie empfindlich Kommunikation von uns Menschen aufgenommen wird. Wir kennen die kindlichen Prägungen unserer Mitarbeitenden eher wenig bis gar nicht. Daher sollten wir unsere Sprache umsichtig nutzen. Angst vor Ironie, Sanktion oder Ablehnung sind der Killer jeglicher Kreativität. Und die, mein Lieblingsmensch, brauchst du im Team, in der Beziehung und natürlich auch bei der Betreuung bzw. Erziehung deiner Kinder. Du prägst den Gesprächsstil in deinem

Team, weil du als Führungskraft die Macht dafür besitzt. Gehe sorgsam damit um, egal, wie man dir begegnet.

Balancegespräch

Speziell für deinen Führungsalltag haben Carmen Nitka und ich das Balancegespräch als Spezialanwendung der GfK entwickelt (Nitka, 2023). Das kannst du beispielsweise an Tagen im Büro mit offenen Türen anwenden, wenn eine Person in dein Büro oder an deinen Schreibtisch tritt. Als erstes solltest du für dich klären, womit du gerade beschäftigt bist. Ist es dringend oder sehr wichtig? Im zweiten Schritt bittest du den Eintretenden darum, kurz zu benennen, wobei du helfen könntest. Mit Hilfe dieser Information und deinem Selbst-Check kannst du nun entscheiden, ob du dich diesem Anliegen sofort widmest und dafür deine Tätigkeit unterbrichst. Oder ob ihr gemeinsam nach einem passenden Zeitpunkt sucht, um euch in Ruhe mit dem Thema auseinandersetzen zu können.

Erst im 4. Schritt wendest du dich empathisch deinem Mitarbeitenden zu. Indem du das Gesagte kurz in eigenen Worten wiederholst, kann dein Gesprächspartner erkennen, ob du sie bzw. ihn gut verstanden hast. Dazu ist es außerdem hilfreich, das unerfüllte Bedürfnis dabei zu erraten. Wenn du hier einen Treffer landest, entsteht eine vertrauensvolle Verbindung. Im letzten Punkt überlegt ihr beide, wie du bei diesem Anliegen unterstützen kannst. Der folgende Gesprächsleitfaden, welchen du dir im Kurs zum Buch als Arbeitsblatt herunterladen kannst, kann dir bei Mitarbeitergesprächen dieser Art dienlich sein, wenn du dir dabei ein paar Notizen machst.

Format des Balancegesprächs

1. Stoppen: sich selbst wahrnehmen

- ✳ Kurze Bedenkzeit kommunizieren: „Einen Moment bitte!"
- ✳ Selbstempathie: Womit bin ich selbst gerade beschäftigt? Und wie wichtig ist mir das?

2. Verstehen: kurz Zeit „schenken"

- ✳ Ziel kommunizieren: „Ich möchte gerne dein Anliegen verstehen!"
- ✳ Fremdempathie: Worum (Frage, Sorge, Wunsch) geht es dem/der Mitarbeiter:in?

3. Entscheiden: mutig Prioritäten setzen & kommunizieren

- ✳ entweder: Gespräch direkt fortsetzen
- ✳ oder: Gespräch vertagen. Termin bzw. Zeitfenster festlegen, Einholen nötiger Informationen abstimmen

4. Einfühlen: Anliegen in kurzer Zeit klären

- ✳ Fremdempathie: Bedürfnis erforschen durch geschlossene Fragen. „Ist dir z. B. Gerechtigkeit, Beteiligung oder Anerkennung wichtig oder zu kurz gekommen?"
- ✳ Zentrale Frage: Worum geht es dem Mitarbeiter wirklich (dahinter liegendes Bedürfnis)?

Darf's auch etwas leichter sein?

5. Verhandeln: unterschiedliche Bedürfnisse ausloten

✴ Achtung: Nicht bloße Erfüllung der Mitarbeiter-Bedürfnisse

✴ Aufmerksamkeit: Spielraum ausloten, dabei gleichzeitig das System und sich selbst achten

Irgendwann wirst du diese Vorlage nicht mehr benötigen und deine Mitarbeitenden kommen gerne zu dir, weil sie achtsam behandelt werden. Bei wertschätzendem Umgang und der Etablierung einer Vertrauenskultur geht es also nicht um die Erfüllung der Bedürfnisse der Mitarbeiter:innen, sondern um einen Umgang auf Augenhöhe und ein vorhersehbares Verhalten von dir als Führungskraft.

Deine Arbeit mit diesem Buch. Das Formular für ein Balance-Gespräch kannst du dir als PDF-Datei im Gratis-Kurs laden.

Der QR-Code führt dich direkt zu allen Mini-Postern, Arbeitsblättern und Tests.

3.2 Diversity: Gleichberechtigung konsequent stärken

In meinem LinkedIn-Profilslogan steht unter anderem: „Gleichberechtigung gehört die Zukunft." Davon träume ich schon mein ganzes Leben. Bereits in der Grundschule bestand mein Freundeskreis aus Jungen und Mädchen. Mein bester Kumpel war Katrin. Ich kann mir nicht vorstellen, dass ein anderer Mensch aufgrund seines Geschlechts, seiner Herkunft oder Religion weniger wertvoll sein sollte. Wir haben alle unterschiedliche Formen von Zutrauen & Liebe bzw. Misstrauen & Abneigung in unserer Erziehung erfahren. Daraus haben wir unterschiedliche Werte, Selbstbewusstsein und Bewusstheitsgrade entwickelt. Jeder Mensch gestaltet sich sein Leben dementsprechend passend, um es zu verstehen und zu bewältigen. Damit möchte ich kein Verbrechen an der Menschlichkeit legitimieren, sondern beschreiben, wie es sein kann, dass Menschen unterschiedlichen Denk- und Handlungsmuster ausprägen.

Frauen, Männer und quere Menschen haben ihre ganz eigenen Qualitäten, die es zu achten gilt und die wir gerade heute brauchen. Wir werden ohne diese Vielfalt die drängenden Krisen nicht bewältigen: Klimawandel, Religionskriege, Pandemien, Wirtschaftssystem. Meine Beschreibungen zum Meta-Gender-Führungsstil haben schon den Vorteil der Kombination weiblicher und männlicher Führungsqualitäten hervorgehoben. Sinnhaft orientierte Mitarbeiter:innen werden damit viel besser abgeholt (Dopfer, 2016).

Das Bedürfnis nach Verbundenheit und Sicherheit spielt beim Thema Vielfältigkeit eine wichtige Rolle. Sie werden bei jedem Kontakt zu uns unbekannten Menschen auf die Probe gestellt. Kulturelle oder religiöse Unterschiede vergrößern beim Kennenlernen die Distanz zwischen uns. Meine These lautet, dass jeder Mensch, der mit Zuneigung und Vertrauen aufwachsen durfte, verbindender auf Unterschiede schaut. Dort, wo die vermeintliche Sicherheit gefährdet ist, werden Menschen, die nicht aus meinem „Kreis" stammen, tendenziell eher kritisch distanziert betrachtet oder sogar abgelehnt bzw. abgewertet. Ab der Entwicklungsstufe E6[9] selbstbestimmt (eigene Werte bzw. Ziele, Respekt vor individuellen Unterschieden) ist eine allparteiliche Sichtweise mit integrierendem Angebotscharakter häufiger anzutreffen.

Wie stark das patriarchische Denken in unserem heutigen Alltag verwurzelt ist, erschreckt mich immer wieder. Caroline Criado-Perez hat dazu ein eindrückliches Buch geschrieben: Unsichtbare Frauen – Wie eine von Daten beherrschte Welt die Hälfte der Bevölkerung ignoriert (Criado-Perez, 2020). Sie zeigt, wie sehr unsere Welt von Männern für Männer gemacht ist. Damit sich hier etwas verändert, brauchen wir viel mehr Frauen in verantwortlichen Positionen, in Politik, Wirtschaft, Wissenschaft und Religion. Eine Führungs- und Kommunikationskultur des Vertrauens vergrößert die Chance, ein lebenswertes und naturachtendes Leben zu gestalten.

Schau dir Imagebroschüren der großen Konzerne an. Da werden Werte beschrieben, die selten gelebt werden. Lassen wir uns davon nicht blenden und bestehen bei Bewerbungsgesprä-

---

[9] Siehe S. 160

chen auf Freizeitausgleich für Überstunden, gleiche Bezahlung für Frauen und Männer, Erziehungsurlaub auch für Männer und Führungskräfte und beispielsweise einen Monat unbezahlten Urlaub für persönliche Weiterentwicklung.

Ein weiterer Schwerpunkt zukünftiger Anreize für passende Mitarbeiter:innen wird die Familienfreundlichkeit sein. Die Etablierung des Homeoffice hat dabei schon mächtig unterstützt. Gleichzeitig quälen sich junge Familien mit kleinen Kindern jahrelang durch familienunfreundliche Arbeitsstrukturen mit Rechtfertigungszwang.

Anerkennung

Aus einer gleichberechtigten Haltung heraus kann überall im Familien- und Arbeitskontext, wo Energie aufgewendet wird, Anerkennung zurückfließen. Neben Sicherheit ist das Bedürfnis danach, gesehen zu werden, ein zentrales und wichtiges menschliches Anliegen. Ich war in meinem Leben wahrlich in dieser Hinsicht kein Held der Anerkennung. Das hat sich erst in den letzten 15 Jahren entwickelt. Ich bin traurig, dass ich diese Haltung erst so spät in meinen Blick genommen habe, und gleichzeitig dankbar, dass ich es jetzt leben kann.

Die heutige Y- und Z-Generation gehen aus meiner Erfahrung diesbezüglich mit einem größeren Bewusstsein für Gleichwertigkeit an Aufgaben heran, egal ob im Arbeits- oder im Paarkontext. Du kannst dich immer dann hinterfragen, wenn eine Aufgabe oder Aufmerksamkeit für dich selbstverständlich ist, egal ob als Nehmer:in oder Geber:in. Der Begriff Ausgewogenheit beschreibt aus meiner Sicht gut, worum es geht.

Chancengleichheit

Es gibt genügend weibliche Fach- und Führungskräfte. Um diese in dein Unternehmen zu bekommen, sollten z. B. dein Vorstand und deine Geschäftsführung möglichst paritätisch aufgestellt sein. Das wäre ein Vorbild mit Sogwirkung für neue Mitarbeiter:innen. Sonst brauchen sich Rekruiter:innen nicht zu wundern, wenn sich auf ihre Stellenausschreibungen wenig Frauen bewerben.

Und ja, Frauen gebären hin und wieder Kinder, sonst wären du und ich nicht auf der Welt. Diese biologische Gesetzmäßigkeit gehört zu unserer Existenz. Sie ist eine Grundbedingung für Leben. Wie kann man auf die Idee kommen, daraus einen Besetzungsnachteil zu formulieren? Es fängt bei uns im Kleinen an. Wer formuliert Stellenausschreibungen? Wer nimmt an Bewerbungsgesprächen teil? Und wer entscheidet darüber, wer genommen wird? Hier schließt sich auch wieder ein Kreis zu New Work. Beteiligung abgeben bedeutet in dem Fall, den Teams ein klares Mitspracherecht für die Besetzung neuer Stellen zu gewähren.

Eine für mich wichtige männliche Stimme zu dieser Thematik ist die von Veit Lindau. In seinem Buch „Genesis – Die Befreiung der Geschlechter" setzt er sich damit kritisch auseinander und unterstützt sowohl Frauen als auch Männer und quere Menschen dabei, zu einem gesunden Selbstverständnis zu gelangen (Lindau, 2021). Die Gruppe der kritischen Denker:innen zur Transformation wird immer größer. Wir merken noch nicht so viel davon, weil sie noch nicht ausreichend in den Etagen der Macht vertreten sind. Nichtsdestotrotz dürfen wir nicht nachlassen in unserem Bemühen nach Widerstand, Abgrenzung und der Sehnsucht nach Co-Creation, also Beteiligung und Gestaltung.

Wenn du dein erstes Kind erwartest, wird es allerhöchste Zeit, sich mit deinem/deiner Partner:in hinzusetzen und umfassend zu beschreiben, was jedem von euch im Leben wichtig ist:

- ✳ Wie willst du leben?
- ✳ Wo willst du leben?
- ✳ Wie willst du deinen erlernten Beruf ausüben?
- ✳ Welche Aufteilung von Erziehung, Versorgung und Arbeit findest du erstrebenswert?
- ✳ Welche Finanzmittel stehen dir zur Verfügung? Und bist du bereit, zusätzlich einen Kredit aufzunehmen? Oder ist das Mieten einer Wohnung aktuell passender?
- ✳ Wie groß muss/soll/darf dein/euer Wohnraum sein?
- ✳ Welche Form der Paarbeziehung ist für dich die passende?
- ✳ Wer steht dir/euch als Unterstützung für die Kinderbetreuung zur Verfügung?
- ✳ Welche individuellen Hobbys willst du nicht streichen?
- ✳ Welche Form der regelmäßigen Gespräche im Paar kultiviert ihr?

Erst wenn du mit deinem/deiner Partner:in zu all diesen Fragen eine zufriedenstellende Antwort gefunden hast, bist du vorbereitet, für eine der größten Lebensveränderungen, die dir in diesem Leben begegnen wird: die Elternschaft.

Bezahlung

Dieser Punkt ist kurz, einfach zu beantworten und schwierig umzusetzen. Die Bezahlung sollte heute transparent und absolut gleichberechtigt sein. Es gibt keinen sinnvollen und nachvollziehbaren Grund für eine Ungleichbehandlung. Du solltest dich auch in Bewerbungsgesprächen erkundigen, wie in den Unternehmen Gleichheit und Transparenz gewährleistet sind. Du bist es wert, fair behandelt zu werden. Das, was du an Energie, Herzblut, Fähigkeiten und Bereitschaft mit in ein neues Unternehmen bringen wirst, ist es wert, korrekt behandelt zu werden. Allein die Stellenangebote zu finden, die so ausgeschrieben sind und diesen Ansprüchen gerecht werden, ist eine Herausforderung.

3.3 Collaborations-Tools: Im Kontakt bleiben

Auch du wirst dich noch an die Zeiten vor Corona erinnern können. Videokonferenzen gab es schon, vor allem in großen, weltweit agierenden Konzernen. Die dazu verwendete Technik war sehr teuer und auch nicht ganz störungsfrei. Mittlerweile ist das Handling von Teams, Zoom & Co. ganz alltäglich für uns. Und doch kenne ich viele Unternehmen, in deren Videomeetings die Kameras der Teilnehmenden entweder nicht vorhanden sind, nicht funktionieren oder nicht eingeschaltet werden. Wenn du das als Führungskraft zulässt, wirst du den Kontakt zu deinen Mitarbeitenden verlieren, weil dir das nonverbale

Feedback der Mimik fehlt. Und das erschwert den Austausch und die Organisation von Arbeitsaufträgen bzw. -abläufen unnötig.

Ich möchte dir ein Gedankenexperiment beschreiben. Stell dir vor, du säßest mit deinem Team in einem Besprechungsraum und vor jeder Person wäre eine undurchsichtige Stellwand aufgebaut. Keiner sieht die anwesenden Kolleg:innen. Ihr könnt euch nur hören. Ganz genau, das wären erschwerte Kommunikationsbedingungen. Jetzt gibt es allerdings gute Gründe, warum Menschen es vorziehen, sich nicht zu zeigen. Vielleicht hörst du Begründungen wie:

* Meine Kamera geht nicht.
* Das Bild ruckelt. Dann lass ich die Kamera lieber aus. Das reduziert die Datenmenge.
* Mein Arbeitsplatz im Homeoffice ist in meinen Privaträumen. Wie es hier aussieht, geht keinen etwas an.
* Es ist mir unangenehm, mich selbst im Bild zu sehen.
* Das steht nicht in meinem Arbeitsvertrag und deshalb tue ich es auch nicht.

Bei technischen Herausforderungen ist es meist einfach, dem Abhilfe zu verschaffen. Virtuelle Bildhintergründe (z. B. Unschärfe des Hintergrundes) unterstützen das Bedürfnis nach Privatsphäre. Meist handelt es sich aber um ein anderes Thema. Wenn sich jemand nicht mit der Kamera im Videomeeting zeigen möchte, überprüfe bitte folgende Hypothese. Kann es sein, dass dieser Mensch verletzende Erfahrungen im Umgang mit dir, mit anderen Führungskräften oder Kolleg:innen gemacht hat? Wenn du hinter dieser Überlegung auch nur einen Funken Wahrheit vermutest, verhält sich dieser/diese Mitarbeiter:in ganz menschlich. Er/sie schützt sich, indem er/sie sich unsichtbar macht und sich damit in einen etwas sichereren Raum begibt. Ist das hilfreich? Ja, jedenfalls kurzfristig für diesen Menschen.

Meine Beratung geht in diesen Fällen in folgende Richtung. Frage dich, wie du das Vertrauen deiner Mitarbeitenden wieder gewinnen – heißt, langsam aufbauen – kannst. Vertrauen lässt sich, wie wir hier schon deutlich unterstrichen haben, nicht verordnen, sondern ist das Ergebnis vieler kleiner Begebenheiten und die Summe der damit verbundenen freudvollen oder schmerzhaften Erfahrungen. Das Verhalten deiner Mitarbeiter:innen hält dir meist ungefiltert einen Spiegel eurer aktuellen Teamkultur vor. Überleg dir auf einer Skala von eins bis zehn den Grad eurer Vertrauenskultur und thematisiere dies mit deinem Team. Da du nicht anordnen kannst, dass jeder ehrlich seine Meinung sagt, kommt es auf die Glaubwürdigkeit deiner Intention an. Menschen bzw. Mitarbeiter:innen haben ein gutes Gespür dafür. Genauso wie du es in der Runde deiner Führungskolleg:innen und eurem Vorgesetzten spürst, ob etwas aus einer wohlwollenden Haltung heraus initiiert wird.

Meine Meinung dazu sieht folgendermaßen aus: Das Ziel ist es, dass Menschen sich in regelmäßigen Meetings, in denen etwas besprochen oder entwickelt wird, mit Bild und Ton zeigen. Deine Aufgabe als Führungskraft ist es, das Arbeitsklima so zu gestalten, dass dieser Austausch möglich wird. Manchmal befindest du dich mit deinem Team in einer Vertrauensoase und ihr seid von Misstrauens-Teams umgeben bzw. werdet von solchen Führungskräften geführt. Wenn dem so ist, dann frage dich, wie du geführt werden möchtest, und schenke dieses Verhalten deinem Team, egal wie mit dir umgegangen wird. Du möchtest dir morgens im Spiegel mit Selbstachtung begegnen. Es ist deine Verantwortung, dich für deine Werte einzusetzen.

3.3.1 Konferenz-Tools ausnutzen

Bei Meetings mittels Videokonferenz ist es eine der Hauptaufgaben, alle Teilnehmer immer wieder ins Handeln (sich austauschen, schreiben, ankreuzen, recherchieren etc.) zu bringen. Das hält sie wach und im Austausch. Unser Gehirn will aktiv und sinnvoll beteiligt sein. Dieses Bedürfnis betrifft ebenso Präsenz-Meetings. Bei Online-Meetings ist es allerdings noch wichtiger, sich sinnvoll einbringen zu können.

Grundsätzlich möchte ich dir empfehlen, die Anzahl von Meetings zu reduzieren. Plane Meetings mit wichtigen Punkten weit genug im Voraus, lade dazu mit einem knappen Text ein und gehe zu Beginn kurz auf die Befindlichkeit der Teilnehmer:innen ein (jeder ein Wort bzw. Satz zum aktuellen Befinden). Wenn du zu einem Meeting ohne Thema bzw. Tagesordnung eingeladen wirst, sage die Teilnahme ab und vertrete dies offensiv. Deine Zeit ist zu schade für nutzlose Meetings.

Zoom und Teams

Das Handling der beiden aktuell am häufigsten genutzten Videokonferenztools (Teams und Zoom) ist mittlerweile ähnlich. Als Führungskraft leitest du meist das Meeting und steuerst dabei gleichzeitig die Onlinetechnik. Das braucht Übung.

Darf's auch etwas leichter sein?

Übungsbereiche sind:

* Einladungslinks eindeutig gestalten und versenden
* kurz umreißen, worum es geht und welche Schritte anstehen
* Unterlagen vorab versenden oder so für das Meeting vorbereiten, dass sie ohne zeitlichen Aufwand geteilt werden können
* Begrüßung mit Technik-Check
* Zeitplan und Inhalte benennen
* Teilnehmer:innen in den Austausch einbinden
* Technik für Breakout-Räume und Umfragen vorbereiten und anwenden
* am Ende die Ergebnisse kurz zusammenfassen und Anschlusstermin planen

Interaktion

Bei Meetings geht es um kreativen Austausch und die Entwicklung passenderer Lösungen. Das bedeutet, dass du dir im Vorfeld überlegen musst, in welcher Form und zu welchen Fragestellungen du die Teilnehmer:innen in Einzelaufgaben didaktisch zur Selbstreflexion, zum Austausch in Kleingruppen und zu Transparenz der Ergebnisse anregen kannst. Diese Aufgaben gehören heute unbedingt in deinen Führungswerkzeugkoffer. Lässt du sie aus Bequemlichkeit, Zeitmangel oder Scheu vor Misslingen weg, begehst du typische Führungsfehler in hybriden Welten, die deinen Teilnehmer:innen die Energie, Lust und Bereitschaft rauben, sich aktiv und kreativ einzubringen.

Hinweise für Breakout-Rooms

✶ zu zweit in Breakouts einteilen. Dann kannst du sicher sein, dass jede:r zum Sprechen kommt

✶ die Zeit eher kurz wählen, bspw. 10 Minuten zu einer Fragestellung

✶ den Teilnehmer:innen dabei abraten, vorzeitig aus dem Raum in den Hauptraum zu kommen

Hinweise für Umfragen

✶ offene Antwortmöglichkeiten auf Stichpunkte begrenzen und sichtbar sammeln (s. Mentimeter im übernächsten Abschnitt)

✶ bei TN-Zahl über 10 ist eine Ankreuzmöglichkeit mit anschließender Betrachtung im Plenum hilfreich

✶ in jedem Fall auf das Ergebnis eingehen und für den weiteren Verlauf berücksichtigen. Sonst sind Umfragen eher sinnlos

Ordnung und Dokumentation

Bei Online-Meetings geht es auch darum, wie effektiv du die Zeit zum Austausch nutzen kannst. Dabei fallen Pausen, die durch die Suche nach Dateien, Funktionen und technischen Problemen entstehen, negativ ins Gewicht. Stell dir vor, dass 10 Menschen 5 Minuten warten müssen, bis du ein Dokument gefunden hast, das du nutzen möchtest. Das ist unnötig.

Dein Ordnungssystem auf dem Schreibtisch oder neben der Flipchart sollst du auf das System am Desktop übertragen. Ich nutze seit Kurzem ein Stream-Deck, um Funktionstasten mit bestimmten Aufgaben zu hinterlegen, wie bspw. Pausenmusik, Screenshot oder Mikrofon und Signaltöne stumm schalten. Das ist kein Muss, erleichtert aber die Moderation und den Kontakt zu den Teilnehmer:innen. Dein Team wird es dir danken, da es immer noch auffällt, wenn ein Videomeeting gut vorbereitet, strukturiert und unter Beteiligung aller abläuft. Es gibt viele Meetings, die diese Qualität vermissen lassen.

3.3.2 Routinen für Remote-Führung

Wie schätzt du deine Kommunikationsroutinen ein, die du aus dem Homeoffice heraus für die Verbindung zu deinem Team etabliert hast? Machst du dir dazu Gedanken? Aus meiner Erfahrung in den letzten beiden Jahren brauchen wir einen regelrechten Plan, da die Mitarbeiter:innen im Homeoffice eindeutig weniger an der Teamkommunikation beteiligt sind. Untersuchungen legen zwar die Vermutung nahe, dass im Homeoffice ungestörteres Arbeiten möglich ist, doch die Abstimmung zu kreativen Lösungen ist unschlagbar, wenn dein Team an einem Ort seinen Büroarbeitsplatz hat.

Regelmäßigkeit

Genau wie bei der individuellen Regelung bzgl. der Verteilung von Office- und Homeoffice-Tagen gilt es für die Kommunikationshäufigkeit ebenfalls, dass du mit deinem Team gemeinsam besprichst, wie sie passend gestaltet und gepflegt werden kann. Wie in der Abbildung 16 (s. S. 117) zu den Grundlagen menschlicher Zusammenarbeit beschrieben, haben deine Mitarbeitenden das Bedürfnis, wahrgenommen zu werden. Das bedeutet für dich, dass du sie anrufst, sie zu einem Vier-Augen-Videomeeting einlädst und dich immer wieder nach ihrem Befinden erkundigst bzw. danach, was sie brauchen, um ihren Job gut erledigen zu können.

Mit dieser Pflege der Arbeitsbeziehung bist du als Führungskraft nie fertig, egal ob es schwierig ist oder gut läuft. Sie ist ein wesentlicher Teil deiner Führungsaufgabe. Du bist für deine Mitarbeitenden eine relevante Arbeitsbedingung. Von Vorteil ist es dabei, wenn du den Kontakt mit Menschen magst, weil es dir dann leichter fallen wird, deine Mitarbeiter:innen anzusprechen. Diese Aufgabe kostet Energie und Zeit und hält dich nicht selten von anderen Tätigkeiten, die du am Schreibtisch zu erledigen hast, ab. In hybriden Arbeitswelten gewinnt sie jedoch zusätzlich an Bedeutung.

Methoden zur Beteiligung

Du wirst die unterschiedlichen Bedürfnisse deiner Mitarbeiter:innen in Meetings schon kennen. Einigen ist der Beitrag eigener Gedanken wichtig. Andere bleiben lieber im Hintergrund. Das bedeutet allerdings nicht, dass du nur mit den aktiven Teilnehmer:innen den Austausch während der Meetings (egal ob in Präsenz oder online) pflegen solltest. Dein Ziel sollte es sein, dass so viele Mitarbeitende wie möglich, sich von selbst am Meeting aktiv beteiligen. Dabei ist es erst mal nicht so wichtig, ob in der Runde, im Kleingruppenaustausch oder allein durch eine schriftliche Bearbeitung (bspw. durch Umfragen oder andere Tools). Je größer der Kreis der Teilnehmer:innen ist, desto öfter braucht es Breakout-Rooms und kleine Aktionen, wie bspw.:

- Mentimeter
- Umfragen
- Breakout-Rooms
- Aufgaben, deren Ergebnisse abgebildet werden (TaskCards, Padlet, Kanban-Board, Whiteboard)
- CryptPad (Onlinetool für Kanban)

Das einfachste Instrument für Beteiligung ist, Fragen zu stellen, ohne dabei Druck aufzubauen. Ich stelle dir im Folgenden ein paar zusammen, die einen eher anregenden Charakter haben:

- Wie geht es dir in Bezug auf deine Arbeit?
- Was hindert dich daran, deine Arbeit zu bewältigen?
- Was liegt dir am Herzen und braucht meine Unterstützung?
- Welchen Ärger möchtest du befrieden?
- Welche Lösung schwebt dir als Expert:in für dieses Problem vor?
- Welche unnötige Reibung siehst du in der Zusammenarbeit mit mir oder deinen Kolleg:innen?
- Was ist dir sehr wichtig an deiner Arbeit?

※ In welche Richtung möchtest du dich beruflich weiterbilden?

※ Was würdest du lieber mit deinen Kolleg:innen, anstatt mit mir, besprechen?

3.3.3 Online-Tools

Da die meisten Unternehmen mit einem Microsoft Office Paket arbeiten, bieten sich innerhalb dieser Software schon eine Reihe von Möglichkeiten an, Dateien geordnet abzulegen oder per One Note in Kanban-Form zu teilen. Die Möglichkeiten, externe Online-Tools zu verwenden, sind aus sicherheitsrelevanten Gründen in vielen Unternehmen nur mit internen Mitarbeiter:innen gegeben. Doch das reicht in vielen Fällen schon aus. Um die Möglichkeiten voll auszuschöpfen, möchte ich dir empfehlen, dich in deiner Weiterbildungsabteilung nach Schulungen für das Office Paket zu erkundigen.

Mentimeter

Ich gebe es zu, dieses Online-Tool gehört eindeutig zu meinen Lieblings-Apps. Wort-Wolken beispielsweise sind ziemlich häufig eine gute Möglichkeit, Schnittmengen innerhalb deines Teams anonym abzubilden. Aber das ist nur eine von zahlreichen Möglichkeiten, die Mentimeter für den Austausch in Online-Meetings bietet. Hinzukommt der hilfreiche Einsatz in hybriden Settings.

Darf's auch etwas leichter sein?

Möglichkeiten

- ✵ Gibt jedem bzw. jeder eine Stimme, egal von wo aus er/sie dabei ist.
- ✵ Die anonyme Darstellungsmöglichkeit unterstützt den Mut, sich zu zeigen.
- ✵ Einstiegsfragen in Meetings zum aktuellen Befinden werden gut dargestellt.

Kennzeichen

- ✵ Schwedische Firma
- ✵ Unklar, welche Daten zu welchen Subunternehmen in den USA übermittelt werden
- ✵ Es gibt eine kostenfreie Variante

Taskcards

Diese App ist ursprünglich für deutsche Lehrer:innen entwickelt worden, um im Schulkontext DSGVO-konform mit den Schülern im Home-Schooling Inhalte und Informationen über eine digitale Pinnwand bearbeiten zu können. Mittlerweile arbeiten damit auch Firmen und Vereine. Der bekanntere amerikanische Anbieter Padlet bietet dagegen keinen DSGVO-Sicherheitsstandard.

Möglichkeiten

- ✵ Pinnwände
- ✵ Integriert werden können: Links, Texte, Bilder und verschiedene Anhänge
- ✵ Blogs, Veranstaltungskalender

Kennzeichen

* Deutsche Firma
* Server der Plattform befinden sich in Deutschland
* DSGVO-konform

3.4 Abrundung

Die Bearbeitung des dritten Kapitels hat dich hoffentlich ermuntert, an dich als Führungskraft zu glauben. Ich bin davon überzeugt, dass wir es lernen können, die Verantwortung für Menschen zu übernehmen. Es braucht dazu deine Bereitschaft, dich selbst gut zu kennen. Das stand bei dir als Fachkraft wahrscheinlich bisher nicht im Vordergrund. Doch wenn du es zulässt und dir dabei vielleicht auch Unterstützung (dieses Buch, Weiterbildungsangebot, Coach oder Therapeut:in) suchst, wird dein Führungsjob zunehmend leichter und vor allem machbarer. Dadurch kannst du auch als ruhige und zurückhaltende Natur eine klasse Führungskraft werden. Deine Mitarbeitenden werden es schätzen, wenn sie gefragt, beteiligt und ernst genommen werden. Und sie werden es wertschätzen, wenn du dich selbst immer mehr achtest und für deine Werte einstehst.

Der finanzielle Ausgleich ist nicht der Ansporn für die Arbeit in einer Leitungsrolle. In den seltensten Fällen entspricht er tatsächlich dem Mehraufwand zusätzlicher Aufgaben und Energien. Wenn allerdings tief in dir eine Sehnsucht schlummert, dich hilfreich wirksam für die Menschen in deinem Arbeitsumfeld einzusetzen, dann ist dieser Antrieb nach hilfreicher und menschlicher Arbeitsgestaltung ein Bedürfnis, das langfristig tragfähig ist.

Zusätzlich wird dich die persönliche Entwicklungsreise voranbringen. Du lernst, mit Erfolgen und Rückschlägen besser umzugehen und Bedürfnisse und Unterschiede von Menschen zu achten. Das macht dich zu einem Menschen, mit dem andere gerne zusammenarbeiten wollen oder einfach nur gerne zusammensind.

Eine unabdingbare Voraussetzung ist der Austausch mit deinem/deiner Lebenspartner:in. Überlegt euch, mit welchem Zeit- und Energieaufwand das für alle Beteiligten möglich sein kann. Vielleicht beantragst du ja Jobsharing, um deine kleinen Kinder für einen gewünschten Zeitraum mitzuerleben? Die Möglichkeiten sind vielfältig, auch bei einem Führungsjob. Wenn du sie dir vorstellen kannst, können sie auch ausgesprochen werden. Und dann gibst du den Ball ab zu deiner Führungskraft, damit sie überlegen kann.

Nachwort

Alle drei Bereiche Selbstführung, Paarzeit bzw. Familie und Führung fußen auf denselben Grundlagen von Selbstwahrnehmung, bewussten Entscheidungen und wertschätzender Kommunikation. Wie alles ineinandergreift, wirst du nun besser verstanden haben.

Wenn du hier angekommen bist, wirst du vermutlich das eine oder andere selbst oder mit deinem/deiner Partner:in ausprobiert haben. Gleichzeitig hast du höchstwahrscheinlich noch keinen „Durchbruch" erlebt und freust dich jetzt nur noch deines Lebens. Andererseits wird sich dein Blick geweitet haben und du hast vielfältige Bestätigungen erhalten, warum es gut ist, genauer hinzuschauen und für deine Bedürfnisse zu gehen. Vielleicht fragst du dich, wie lange es dauern wird, bis es dir richtig gut geht?

Ich möchte dich beruhigen. Die erste erfolgreiche Etappe, die aus vielen kleinen Schritten besteht, hast du mit der Bearbeitung dieses Buches bereits erreicht. Du hast einen Teil deiner Wahrheiten ausgesprochen und dies hat zu Reaktionen oder Anpassungen geführt. Es wird niemals mehr so schwer und hoffnungslos, wie vor diesem Buch. Das kann ich dir auch von mir berichten. Mit meinem Start zu mehr Ehrlichkeit mir selbst und meinen Mitmenschen gegenüber hat sich mein Leben lebendiger, bewusster, intensiver angefühlt, gleichzeitig aber auch häufig anstrengender. Denn diese bewusste Entwicklung ist kein leichter Weg. Vielmehr stellst du der Verdrängung und Betäubung eine Bewusstheit in den Weg, die deine Hoffnung ständig erneuern wird. Ich lasse mich einfach viel seltener blenden, einwickeln oder ablenken. Auch ich habe heute noch Sehnsüchte, also unerfüllte Bedürfnisse. Indem ich sie erkenne, kann ich mich diesen jeden Tag aufs Neue stellen. Das gelingt mir mal schlechter und mal besser. Doch ich kann für mich sagen, dass ich nicht mehr mit der Zeit tauschen möchte, in der ich still verzweifelt war und dies nicht zeigen konnte.

Wir sind für unsere Taten verantwortlich. Wir haben den Auftrag, uns mit dem zu zeigen, was uns wichtig ist. Mal kämpfen wir dafür, mal ziehen wir uns in Gedanken zurück. Aber wenn wir uns zeigen, sind wir nicht für die Reaktionen der anderen Menschen verantwortlich. Unser Auftrag ist es, verantwortungsvoll mit uns selbst umzugehen und uns damit sichtbar zu machen. Unsere Partner, Kinder, Mitarbeiter:innen haben dadurch die Chance, uns kennenzulernen. Wir werden vorhersehbar, weil wir für unsere Werte einstehen. Die anderen sind nun selbst gefordert, sich damit auseinanderzusetzen und uns ehrlich zu antworten. Das können wir keinem abnehmen.

Ich achte auf meine Gedanken und Gefühle und hinterfrage sie. Meine Zeit gehört mir und ich mache das Beste daraus. Freudvolle Wirksamkeit in Liebe, das ist meine Orientierung und mein täglicher Slogan. Mein Mut zu Pausen, Mittagsschlaf, Bewegung, Widmung, Empathie und Abgrenzung lässt mich jeden Tag neu staunen und genießen. Ich kämpfe nicht gegen, sondern für diese Qualitäten.

Ich bin davon überzeugt, dass du insgeheim sämtliche Qualitäten, die in dir schlummern, kennst. Nun fordere ich dich auf, sie langsam und stetig ans Licht zu bringen. Diese Entwicklung

Arbeitsbereich

wird Zeit kosten und sie wird dich bis an dein Lebensende begleiten. Und ja, ich habe viele Fehler gemacht. Heute schaue ich mit Demut auf mein früheres Wesen, das es damals noch nicht anders kannte. Mir fehlte der Mut, mich so anzunehmen, wie ich bin. Du kannst dich dafür entscheiden, ab heute ehrlich für deine Werte und Visionen einzustehen. Und dann ist es gut, egal wie viel Zeit du bis zu dieser Entscheidung benötigt hast.

Sei herzlichst gegrüßt und schaue dich gerne in meiner Materialsammlung zu diesem Buch um.

Dein Coach,

Robert Jautschus

Der QR-Code führt dich direkt zu allen Mini-Postern, Arbeitsblättern und Tests.

Über den Autor

Robert Jautschus arbeitet seit seinem Studium zum Dipl.-Sportlehrer als selbstständiger Trainer und Coach in der beruflichen Weiterbildung. Als Leistungsdiagnostiker (sportmedizinische Trainingssteuerung im Hochleistungssport) begeisterte ihn vor allem der Zusammenhang von ‚Belastung und Erholung'. In dieser Zeit entstand auch sein Credo „weniger (Belastung) ergibt mehr (Leistung)".

Während er mit Mitarbeiter:innen und Führungskräften Gesundheitsthemen schulte, entwickelte er das Motto: „Freude vor Krampf." Lernen erfahrungsorientiert zu gestalten bereitet sowohl den Lernenden als auch dem Trainer mehr Freude. Darüber hinaus entwickelt sich der berufliche Kontext und er persönliche Lebensstil deutlicher zum Positiven.

Mit seinem 12-köpfigen Trainerteam und als Personalvorstand einer Schule erschloss er sich selbst ‚Führung und Teamwork auf Augenhöhe'. Weiterbildungen in systemischer Organisationsentwicklung, gewaltfreier Kommunikation und Konflikt-Coaching ließen dieses Thema zu seiner aktuellen Leidenschaft werden. Die Frage, wie du eine gute Führungskraft wirst, beantwortet er mit seinen Trainings, Coachings und Onlineangeboten. Dabei den Blick für die Partner- und Elternschaft zu kultivieren ist ihm ein besonderes Anliegen, denn erst in der Gesamtschau ergibt sich ein wirklich erfüllendes Leben.

Selbst ausprobieren und verfeinern ist seit seiner Jugend seine große Lernfreude u. a. beim Stabhochsprung, Trampolinspringen, Skifahren und heute noch beim Tennis- und Golfspielen. Das leichte und technisch schöne Spiel ist dabei seine Leidenschaft. Der Inner-Game-Ansatz von Timothy Gallwey (Gallwey, 2012) ist dabei immer wieder eine große Hilfe. Hier erobert der/die Teilnehmer:in den Lernraum durch Wahrnehmung und ausprobieren. Die Übertragung dieser Lernmethode ist vielfältig und reicht bis ins Coaching von Führungskräften oder Teams.

Im Bereich der Persönlichkeitsentwicklung hat Marshall B. Rosenbergs Arbeit zur gewaltfreien Kommunikation seine Kommunikation und damit auch sein Leben verändert. Die selbstkritische Auseinandersetzung mit der ironischen „Berliner Schnauze" war harte und gleichzeitig lohnende Arbeit. Seine Erkenntnis: Damit werden wir nie fertig und dürfen uns immer weiterentwickeln.

Er träumt von einer Hütte in den Bergen, vorzugsweise in der Ramsau am Dachstein, weil die Weite sein Herz berührt. Dort kann er dann den Blick schweifen lassen, wandern, kochen und Coachees empfangen.

Darf's auch etwas leichter sein?

Literaturverzeichnis

Büntig, W. (25. 09 2014). Humanistische Psychologie, Depression und potentialorientierte Psychotherapie. DVD.

Bengel, J., Strittmatter, R., & Willmann, H. (1998). Was erhält Menschen gesund? Antonovskys Modell der Salutogenese – Diskussionsstand und Stellenwert. Köln: Bundeszentrale für gesundheitliche Aufklärung (BZgA).

Bittelmeyer, A. (2019). Stereotype über Frauenkarrieren – Zwischen Mama und Paula. Manager Seminare, S. 26-32.

Breidenbach, J., & Rollow, B. (2019). New Work needs Inner Work. München: Verlag Franz Vahlen GmbH.

Criado-Perez, C. (2020). Unsichtbare Frauen – Wie eine von Daten beherrschte Welt die Hälfte der Bevölkerung ignoriert. München: btb-verlag.

Dittmar, V. (2014). Gefühle & Emotionen – Eine Gebrauchsanweisung. München: Verlag VCM Dittmar, Edition Est.

Dopfer, W. (2016). Mama-Trauma – Warum Männer sich nicht von Frauen führen lassen. München: Knauer.

Froböse, I. (2015). Das Turbo-Stoffwechsel-Prinzip. München: Gräfe und Unzer Verlag.

Gallwey, T. (2012). Inner Game Stress. Staufen: allesimfluss.

Helgeland, B. (Regisseur). (2001). Ritter aus Leidenschaft [Kinofilm].

Hertel, L. (2023). www.wellnessverband.de.

Hofert, S. (2018). Agiler führen – Einfache Maßnahmen für bessere Teamarbeit, mehr Leistung und höhere Kreativität. Wiesbaden: Springer Gabler.

Kälin, K., & Müri, P. (2005). Sich und andere führen – Psychologie für Führungskräfte, Mitarbeiterinnen und Mitarbeiter. Bern: Ott Verlag.

Kaluza, G. (2007). Gelassen und sicher im Stress. Heidelberg: Springer.

Kast, B. (2018). Der Ernährungskompass. München: Bertelsmann-Verlag.

Kast, B. (2019). Der Ernährungskompass – Das Kochbuch. München: Bertelsmann-Verlag.

Knuf, A. (2013). Ruhe da oben – Der Weg zu mehr Gelassenheit. Freiburg: arbor.

Kupsch, M., Schneewind, K., & Reeb, C. (2009). Entwicklung eines Fragebogens zur Erfassung Adaptiver Strategien in der Vereinbarkeit von Familie und Beruf (FASIV) (Bde. Sonderdruck: Diagnostica, 55, Heft 3). Göttingen: Hogrefe Verlag.

Lücke, J. (4. September 2022). www.feministmotherhood.de. Von Mental Load Test: equalcareday.de/mental-load-home-de.pdf abgerufen

Lindau, V. (2021). Genesis – Die Befreiung der Geschlechter. München: Gräfe und Unzer.

Loevinger, J. (1998). Washington university sentence completion test. London: Taylor & Francis.

Matyssek, A. K. (2003). Chefsache: Gesundes Team – gesunde Bilanz. Wiesbaden: Universum Verlagsanstalt GmbH KG.

Nitka, C. (07. 01 2023). Werkstatt für Wandel im Alltag. www.carmen-nitka.de

Pang, A. S.-K. (2017). Pause – Tue weniger, erreiche mehr. München: Random House.

Pleiner, R. (2023). pep-team.de. http://pep-team.de

Reeb, C. (2008). Der steinige Weg zur Work-Family-Balance – Adaptive Strategien von Doppelverdienerpaaren mit kleinen Kindern. Marburg: Tectum Verlag.

Rodsky, E. (2020). Auch Männer können bügeln – Mit Fair Play gehen Familie und Haushalt wie von selbst. München: Knauer Verlag.

Rosenberg, M. B. (2012). Gewaltfreie Kommunikation: Eine Sprache des Lebens. Paderborn: Junfermann.

Scott, C. D., & Jaffe, D. T. (1989). Managing Personal Change. Crisp Publikations.

Stahl, S. (2015). Das Kind in dir muss Heimat finden. München: Kailash.

Stahl, S. (2017). Das Arbeitsbuch – Das Kind in dir muss Heimat finden. München: Kailash.

van Beekhuis, A. (2019). Gender Balance als Unternehmensziel – Mehr als Frauenförderung. Manager Seminare, S. 46-54.

Anhang

Kursunterlagen für Leser:innen: Sämtliche MiniPoster, Arbeitsblätter und Tests als PDF zum Download.

Der QR-Code führt dich direkt zu allen Mini-Postern, Arbeitsblättern und Tests.

Website: www.jautschus.de

Gruppencoaching: Führungswerkstatt für Teamleiter:innen: https://www.jautschus.de/junge-fuehrungskraefte/

Momentum-Coaching für Top-Führungskräfte: https://www.jautschus.de/top-leader/

Paarbriefe: Link: https://jautschus.activehosted.com/f/3

Weitere Bücher bei Alvin

Du bist ein Wunder!
11 Wege zur Selbstliebe
hrsg. von Dr. Cordelia Eule

Ich bin Frieden.
12 Schlüssel zu mehr Frieden
hrsg. von Dr. Cordelia Eule

Printed in Poland
by Amazon Fulfillment
Poland Sp. z o.o., Wrocław